選手

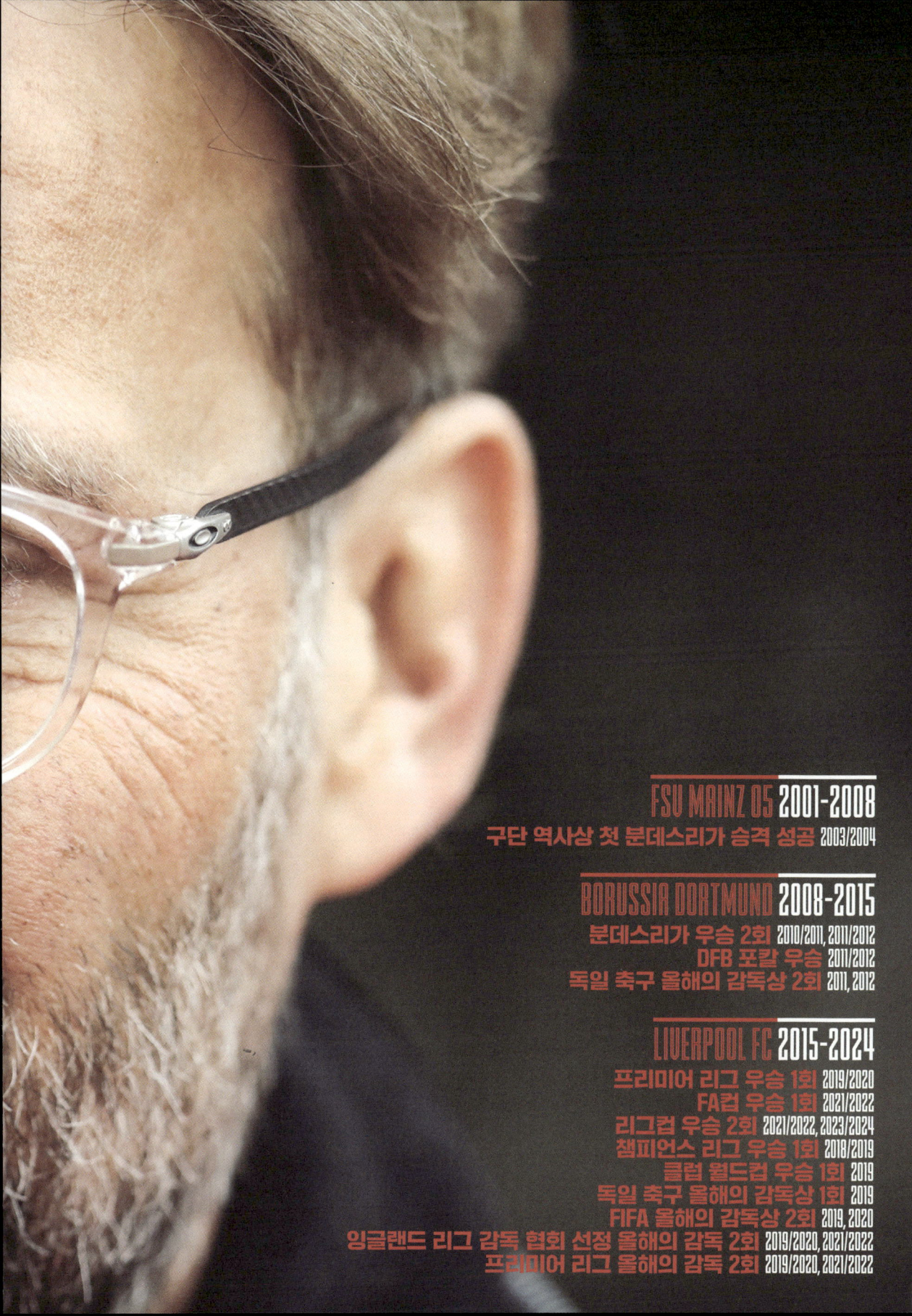

FSV MAINZ 05 2001-2008
구단 역사상 첫 분데스리가 승격 성공 2003/2004

BORUSSIA DORTMUND 2008-2015
분데스리가 우승 2회 2010/2011, 2011/2012
DFB 포칼 우승 2011/2012
독일 축구 올해의 감독상 2회 2011, 2012

LIVERPOOL FC 2015-2024
프리미어 리그 우승 1회 2019/2020
FA컵 우승 1회 2021/2022
리그컵 우승 2회 2021/2022, 2023/2024
챔피언스 리그 우승 1회 2018/2019
클럽 월드컵 우승 1회 2019
독일 축구 올해의 감독상 1회 2019
FIFA 올해의 감독상 2회 2019, 2020
잉글랜드 리그 감독 협회 선정 올해의 감독 2회 2019/2020, 2021/2022
프리미어 리그 올해의 감독 2회 2019/2020, 2021/2022

PROLOGUE

축구 감독이 팀에 부임해 자신의 족적을 남기고, 나아가 구단의 아이콘이 되고, 나아가 그 리그를 대표하는 인물 중 하나가 되려면 어떠한 업적을 이뤄야 할까? 우승 트로피라는 업적만 있다면 구단 역사에 남을 인물이 될 수 있는 걸까? 그것도 축구 역사에서 가장 화려한 성공을 거둬 온 구단이라면 어떨까? 2015년 10월 부임해 2023/24시즌을 마칠 때까지 위르겐 클롭 감독은 리버풀과 천생연분이라는 평가를 받을 정도로 구단과 도시에 잘 융화되어 인상적인 성적을 기록했다. 아홉 시즌을 지휘하며 프리미어 리그 우승은 한 번밖에 없었는데도 사람들은 클롭을 대회 역사상 최고의 감독 중 하나로 평가한다. 그 우승은 바로 리버풀이 30년 만에 처음으로 올라선 잉글랜드 1부 리그의 정상이었기 때문이다.

유럽 최고의 대회인 챔피언스 리그에서도 리버풀은 여러 차례 영웅담을 연출했고, 특히 홈 구장인 안필드에서는 경기가 열리는 동안은 마치 마법에라도 걸린 듯한 움직임으로 팬들에게 최고의 밤을 선사했다. 그 결과 리버풀은 챔피언스 리그에 참가한 여섯 시즌 중 세 시즌에 결승까지 진출하는 놀라운 성적을 거두며 잉글랜드 최고의 명문 구단에 어울리는 명성을 되찾았다.

리버풀은 클롭의 지휘 아래서 언제나 역동적이고 흥미진진한 경기를 선사하기 위해 전력을 다했고, 열성적인 것으로 유명한 팬들인 '콥'과의 유대도 어느 때보다 끈끈했다. 리버풀뿐만 아니라 중립 팬들이 보기에도 클롭 감독이 구사하는 축구는 에너지가 넘쳐서 충분한 재미를 느낄 수 있었다. 기자회견에서도 클롭은 친절한 태도와 재치 넘치는 발언들로 언론의 호감을 샀다.

클롭 재임 기간 전 세계를 덮친 코로나라는 전무후무한 위기도 있었고, 9년이라는 시간을 보내며 실수와 실패도 많았지만 리버풀은 항상 포기하는 대신 다시 도전하는 쪽을 선택했다. 이 책을 통해 지난 9년간 리버풀의 여정을 함께하며 클롭 감독이 어떤 팀을 만들고 이끌어왔는지를 살펴보겠다. 책에 인용된 모든 기록은 2024년 4월까지를 기준으로 했다.

특별한 구단에 부임한
평범한 감독

클롭 감독이 리버풀과 연결되기 시작한 것은 2015년 여름부터였다. 리버풀은 2014/15시즌을 실망스러운 6위로 마쳤고, 특히 마지막 라운드 스토크 시티 원정에서는 1-6으로 충격적인 대패를 당하며 브렌던 로저스 감독이 퇴진해야 한다는 목소리가 높아진 상태였다. 당시 로저스의 대체자로 팬들이 가장 원하던 감독이 바로 클롭이었고, 클롭은 7년간 이끌던 보루시아 도르트문트의 지휘봉을 내려놓은 참이었다. 그러나 리버풀 구단 수뇌부는 2013/14시즌 2위까지 팀을 이끌었던 로저스 감독에게 한 번 더 신뢰를 보내며 2015년 여름 이적 시장을 보내게 됐다. 다만, 로저스 감독의 요구대로만 전력을 보강한 것이 아니라 구단에서 따로 꾸린 전력 강화 팀의 의견을 위주로 선수 영입에 나섰다. 그 결과 가장 보강이 필요했던 공격진에는 구단에서 선택한 호베르투 피르미누와 로저스 감독이 선택한 크리스티앙 벤테케가 모두 영입됐다.

그럼에도 2015/16시즌 초반은 기대대로 흘러가지 못했다. 시즌 첫 두 경기에서 스토크와 본머스를 1-0으로 연파했으나, 경기 내용은 긍정적인 평가를 받기 어려웠고 판정에서도 행운이 따른 결과였다. 이후 리그에서는 아스널과 득점 없이 비긴 뒤 웨스트햄과 맨체스터 유나이티드에 연달아 완패를 당했고, 리그컵에서조차 4부 리그 소속이던 칼라일 유나이티드와 1-1로 비긴 끝에 승부차기로 생존할 수 있었다. 비록 아스톤 빌라와의 리그 맞대결에서는 3-2로 승리했으나, 그사이 유로파 리그에서도 보르도와 시온을 상대로 승리를 거두지 못하고 이어진 에버턴과의 머지사이드 더비 원정 경기에서마저 1-1로 비기자 로저스 감독은 리버풀로부터 경질 통보를 받게 됐다.

사실 로저스 감독의 경질은 에버턴전 이전부터 결정돼 있던 것으로 알려졌다. 실제로 로저스 감독 경질 이후 4일 만에 클롭 감독 선임을 발표할 정도로 신속한 감독 교체가 이뤄졌다. 클롭은 독일 분데스리가 무대에서 마인츠와 보루시아 도르트문트를 지휘하며 이미 역량을 검증받은 지도자였다. 강력한 전방 압박을 바탕으로 한 역동적인 움직임으로 끊임없이 상대를 몰아쳐 '헤비메탈 축구'를 구사하는 감독이라는 평가를 받아 왔고, 팬들과 유대감을 형성하는 능력이나 한번 맡은 팀에서 7년씩 머무른 의리 또한 팀으로서 단결을 강조하는 리버풀의 특색과는 천생연분이나 다름없었다. 마인츠도 도르트문트도 구단 역사에서 클롭이 최장 기간 재임 감독이었다. 이제는 모두가 알다시피 리버풀에서는 9년이라는 긴 시간 동안 팀을 지휘했다. 감독 목숨이 파리 목숨이라는 현대 축구에서, 그것도 경쟁이 가장 치열한 잉글랜드 프리미어 리그에서 한 팀을 9년 이상 지휘한 감독은 클롭 외에 아르센 벵거(아스널에서 22년), 알렉스 퍼거슨(맨체스터 유나이티드에서 21년), 데이비드 모예스(에버턴에서 11년)뿐이다. 2015년 10월 8일, 클롭은 리버풀의 20대 감독으로 공식 부임했다. 기자회견장에 빈자리를 찾을 수 없을 만큼 관심은 뜨거웠다. 자신이 위기에 빠진 리버풀의 구세주가 되리라는 기대가 집중되어 있었기에 관심이 다소 부담스러운 듯했지만, 클롭은 침착한 태도로 대응했다. "제가 기적을 일으킬 거라 생각하는 분 계신가요? 저는 평범한 사람입니다. 선수 시절 아주 평범했고, 독일에서 감독이 되어 마인츠와 도르트문트라는 특별한 구단을 7년씩 이끄는 훌륭한 기회를 얻었습니다. 이제 리버풀에서의 감독 생활을 즐기고 싶네요. 팀에 올 때보다는 떠날 때 사람들이 저를 어떻게 생각할지가 더 중요합니다."

자신을 평범한 사람이라고 소개한 인사말 때문에 클롭에게는 '노멀 원'이라는 별명이 붙었다. 2004년 첼시에 처음 부임할 당시 자신을 특별한 존재, '스페셜 원'이라 소개했던 주제 무리뉴 감독과 대비되는 소탈한 캐릭터에 딱 맞는 별명이었지만, 리버풀 감독직에 임하는 클롭의 자세는 절대 평범하지 않았다.

> 저는 낭만주의자입니다.
> 스토리와 역사를 사랑하죠.
> 리버풀을 지휘하게 된 건
> 정말 행운이에요.
> 리버풀 축구의 격렬함,
> 시민들이 축구와 함께 살아가는
> 모습은 결코 평범하지 않고
> 특별합니다.

**리버풀은
왜
특별한
구단인가**

When you walk through a storm
Hold your head up high
And don't be afraid of the dark
At the end of the storm
Is a golden sky
And the sweet silver song of the lark
Walk on through the wind
Walk on through the rain
Though your dreams be tossed and blown
Walk on walk on with hope in your heart
And you'll never walk alone
You'll never walk alone

리버풀은 1892년 설립돼 130년이 넘는 역사를 자랑하는 잉글랜드 전통의 명문 구단이다. 잉글랜드 1부 리그 우승 19회로 맨체스터 유나이티드(20회)에 이어 두 번째로 많은 성공을 거뒀고, 유럽 무대에서는 유로피언컵/챔피언스리그 9회 우승과 UEFA컵 3회 우승으로 잉글랜드 구단 중 가장 큰 성과를 이뤄 왔다. 그러나 이러한 성공만으로 리버풀의 역사를 설명할 수는 없다. 1985년 일어난 헤이젤 참사와 1989년 일어난 힐스보로 참사라는 크나큰 시련은 리버풀이 스스로를 되돌아본 뒤 상처를 이겨 내고 다시 성장할 수 있는 밑거름이 됐다. 헤이젤 참사는 1985년 당시 리버풀과 유벤투스의 유로피언 컵 결승전에서 일어난 사건이다. 리버풀은 그로부터 1년 전 로마 원정에서 결승을 치러 승부차기 끝에 승리를 거두며 우승을 차지했는데, 당시 리버풀 팬들이 로마 팬들에게 공격을 당하는 사건이 있었다. 이 때문에 이탈리아 팬들에게 앙심을 품은 리버풀 팬들은 복수를 노리고 있었고, 결승에 오른 유벤투스 팬들과의 충돌은 불 보듯 뻔한 일이었다. 그런데도 유럽 축구 연맹은 시설이 낙후된 헤이젤 스타디움에서 결승전을 강행했다. 리버풀과 유벤투스 두 구단 모두 사고를 우려해 경기장 변경을 요청했지만 이는 받아들여지지 않았다.

헤이젤 경기장에 모인 두 팀 팬들은 경기가 시작되기도 전부터 신경전을 펼쳤고, 결국 두 팀 팬들의 경계를 나누고 있던 펜스가 무너지면서 뒤로 밀려난 유벤투스 팬들이 폭행을 당하고 넘어진 결과 39명이 목숨을 잃고 600여 명이 부상을 당하는 비극이 벌어지고 말았다. 이러한 참사에도 경기가 강행되자 집중이 불가능했던 리버풀은 0-1로 패했고, 이 사건의 책임을 물어 10년간 유럽 대회 출전 금지라는 중징계를 받아야 했다(추후 6년으로 경감됐다). 이는 당시 유럽 최고 수준의 전력을 보유하고 있던 팀을 한순간에 추락시킨 폭력 사건으로 남았으나, 이후 조사 결과 낙후된 경기장에 대한 우려를 무시한 유럽 축구 연맹의 관리 소홀과 벨기에 경찰의 미흡했던 대처 또한 도마에 올랐다. 그리고 사건에 연루된 14명의 리버풀 팬들은 형사 처벌을 받았다.

이로부터 채 4년도 지나지 않아 더 큰 비극이 리버풀을 덮쳤다. 노팅엄 포레스트와의 FA컵 4강전이 열린 1989년 4월 15일. 셰필드 웬즈데이의 홈구장인 힐스보로 스타디움에서 일어난 압사 사고로 96명의 리버풀 팬들이 숨지고 700명 이상이 부상을 당한 것이다. 경찰이 경기장 입장 인원을 제대로 통제하지 않은 상태에서 무책임하게 출입구를 여는 바람에 좁은 통로로 무리하게 많은 인파가 몰리면서 벌어진 사고인데, 당시 경찰과 잉글랜드 언론은 리버풀 팬들을 문제 삼으며 훌리건과 취객들이 사고를 일으켰다고 비난했다. 황색 언론으로 유명한 '더 선'은 사상자들의 소지품을 훔쳐 가는 소매치기까지 있었다고 주장해 수십 년간 리버풀 팬들의 공분을 사고 보이콧의 대상이 되기도 했다.

그러나 실상은 달랐다. 리버풀 팬들은 아비규환의 와중에도 최대한 사상자를 구출하기 위해 전력을 다하며 서로를 도왔고, 오랜 진상 조사 결과 진실이 드러나 2012년이 되어서야 공식적으로 이 사건의 책임이 리버풀 팬들이 아니라는 결론이 나면서 경찰과 언론의 사과를 받을 수 있었다. 긴 세월 희생자들의 명예를 회복하기 위해 지난한 싸움을 해 오면서 축구를 향한 뜨거운 사랑만큼 리버풀 팬들의 유대감은 강해졌고, 이는 입석 폐지 등 잉글랜드 축구장의 환경 개선과 함께 프리미어 리그를 세계 최고의 리그로 만드는 데 밑바탕이 됐다. 함께 고난을 이겨 낸 리버풀 팬들의 연대 의식은 공식 응원가 '그대 홀로 걷지 않으리—You'll Never Walk Alone'에도 그대로 드러나 있다.

폭풍 속을 걷더라도

고개를 들고

어둠을 두려워하지 말아요

폭풍이 끝나면

황금빛 노을과

종달새의 달콤한 은빛 지저귐이 기다리고 있으니

비바람을 뚫고 걸어요

그대의 꿈이 날아갈지라도

가슴에 희망을 품고 걸으면

그대 결코 홀로 걷지 않으리

언더독을 정상으로 올린 감독 리버풀에 오기까지

리버풀이 클롭을 감독으로 선택한 이유는 분명했다. 이전 팀인 보루시아 도르트문트에서 7년간 남긴 성과 때문이다. 리버풀과 마찬가지로 도르트문트도 클롭을 선임할 당시 '암흑기'를 보내고 있었는데, 직전 시즌(2007/08)에 독일 분데스리가에서 13위로까지 처지면서 20년 만에 최악의 성적을 기록한 참이었다. 클럽은 리그에서 평균 선수단 연령이 가장 낮은 팀 중 하나였던 도르트문트를 부활로 이끌었고, 두 시즌 연속 분데스리가 우승(2010/11, 2011/12)과 챔피언스 리그 결승 진출(2012/13)이라는 구단 역사에 남을 업적을 남겼다. 그렇지만 독일 무대에서 압도적인 힘을 자랑하는 바이에른 뮌헨과의 지속적인 경쟁은 쉽지 않은 일이었고, 특히나 도르트문트의 핵심인 마리오 괴체나 로베르트 레반도프스키 같은 선수들이 바이에른으로 이적하는 모습은 클럽 입장에서 힘이 빠지는 일일 수밖에 없었다. 결국 2014/15시즌 도중 성적이 좋지 않자 이에 책임을 지고 그 시즌을 끝으로 도르트문트의 지휘봉을 내려놓겠다는 발표를 했다. "제가 도르트문트라는 대단한 구단에 완벽하게 어울리는 감독이 아니라는 생각이 들었습니다. 사임이 확실히 옳은 결정이라 생각하고, 도르트문트는 100% 맞는 감독이 지휘해야 합니다. 지쳐서 그만두는 건 아닙니다. 다른 구단과 접촉하진 않았지만 휴식기를 가질 계획은 없습니다." 도르트문트에 부임할 때도 사임할 때도, 리버풀에 부임할 때도 사임할 때도 클롭의 결정에는 늘 확신이 있어 보였다. 열정적인 캐릭터로 더 유명하긴 하지만, 클롭은 축구에 몸담았을 때부터 누구보다 생각이 많고 냉철한 판단을 내려 온 사람이었다. 그 이유는 어린 시절에서부터 찾아볼 수 있다. 클롭의 아버지는 엄청난 축구광으로, 두 딸에 이어 마침내 아들이 태어나자

열의를 다해 축구 선수로 길러냈다. 그리고 그 시대의 많은 아버지들이 그렇듯, 클롭의 아버지도 칭찬이나 격려보다는 주로 엄한 비판을 더 많이 했다. 그 영향으로 클롭은 자신을 철저하게 객관적으로 점검하고 평가하는 일에 익숙한 사람이 됐다.

선수 생활도 순탄하지만은 않아서 초반에는 비디오 가게 점원 일을 병행하면서 프로 계약을 위해 애써야 했다. 비록 끝내 1부 리그 무대까지는 밟지 못했으나 클롭은 마인츠에서 공격수로, 또 선수 생활 막바지에는 수비수로도 활약하면서 공식대회 통산 56골을 터트리는 활약을 펼쳤고 언제나 헌신적인 플레이로 팬들의 사랑을 한 몸에 받았다. 56골은 클롭의 현역 은퇴 시점에 마인츠의 구단 역대 최다 득점 기록이었다. 그럼에도 클롭은 자신을 뛰어난 선수로 평가하지 않았다. 감독이 된 이후 선수 시절 어째서 분데스리가 무대까지는 올라가지 못했는지 질문을 받자 "저는 4부 리그 수준의 재능에 1부 리그 수준의 두뇌를 갖고 있었습니다"라고 겸손하게 답했을 정도다. 그렇지만 이는 곧 클롭이 뛰어난 감독이 될 자질을 갖고 있었다는 것을 방증하는 답변이기도 하다. 클롭은 공격수에서 수비수로 전향한 1995년부터 이미 학업을 병행하며 스포츠 사이언스 학사를 받는 등 지도자로서의 미래를 준비하기 시작했고, 선수로서 은퇴하기 전에 지도자 자격을 취득했다.

클롭의 성실한 선수 생활과 철저한 준비성은 감독이 되어 그대로 빛을 발했다. 기술적으로 뛰어나기보다는 한 발이라도 더 많이, 더 빠르게 뛰는 선수들을 중심으로 팀을 구성해 강한 전방 압박과 빠른 역습을 펼치는 전술로 '헤비메탈' 축구라는 별명을 얻었다. 공의 소유권을 잃자마자 여러 선수가 달려들어 상대를 강하게 압박한 뒤 곧바로 공격으로 전환하는 '게겐프레싱(역압박)' 전술은 축구의 트렌드를 바꿀 만큼 선구적이라는 평가를 받으며 클롭의 트레이드 마크가 되어 주가를 높였.

이러한 전술은 젊은 선수들이 소화하기에 더 적합했기 때문에 리빌딩이 필요했던 도르트문트와 리버풀이 클롭을 원한 건 당연한 일이었다. 실제로 클롭은 리버풀에서의 마지막 시즌(2023/24)에도 저렐 콴사, 코너 브래들리, 제임스 맥코넬, 제이든 단스와 같은 21세 이하 선수들이 프리미어 리그에 데뷔할 수 있도록 돕는 등 과감하게 선수단을 운용하면서도 시즌 내내 네 개 대회를 성공적으로 소화하며 팀의 미래를 위한 투자를 했다.

2015년 4월, 클롭이 그 시즌을 끝으로 도르트문트의 지휘봉을 내려놓겠다고 발표했을 때부터, 아니 그 이전부터 클롭에 대한 프리미어 리그 구단들의 관심은 뜨거웠다. 아스널, 맨체스터 시티, 맨체스터 유나이티드 또한 클롭과 연결된 적이 있었지만 당시 각 구단의 상황에 비춰 보면 어려움에 빠져 있던 리버풀이 클롭의 유력한 차기 행선지로 떠오른 것은 당연했다. 리버풀은 몇 년 전부터 클롭 감독의 행보를 주목하고 있었지만, 이전까지는 선임할 기회가 없던 것뿐이었다.

2010년 리버풀을 인수해 운영해 오던 존 헨리 펜웨이 스포츠 그룹(FSG) 창립자는 이미 미국 메이저 리그 야구단 보스턴 레드 삭스를 인수해 월드 시리즈 우승을 두 차례나 차지하는 성공을 거뒀고, 이번에는 리버풀을 잉글랜드와 유럽 무대의 정상으로 이끌어 줄 감독을 찾고 있었다. 보스턴이 성공을 거둔 배경에는 전문가의 감보다는 철저한 데이터 분석을 바탕으로 영입을 진행하는 '머니볼' 철학이 있었는데, 리버풀에서도 테크니컬 퍼포먼스 팀을 만들고 영입 위원회를 구성하는 등 과학적인 분석 결과를 근거로 선수 영입은 물론이고 감독의 선임까지 진행해왔다. 클롭은 축구계에서의 평판이 좋았던 것은 물론이고 리버풀의 자체적인 분석 모델에도 꼭 들어맞는 감독이었고, 그 덕분에 리버풀은 브렌던 로저스 감독을 경질하자마자 클롭의 선임에 확신을 갖고 전력을 기울일 수 있었다. 그렇게 리버풀에서 클롭의 시대가 시작됐다.

CONTENTS

PROLOGUE	008
특별한 구단에 부임한 '평범한' 감독	011
리버풀은 왜 특별한 구단인가	012
'언더독'을 정상으로 올린 감독, 리버풀에 오기까지	014

2015 2016
두 번의 준우승, 배움과 경험의 시간	019
클롭의 완벽한 선봉장, 호베르투 피르미누	024
리버풀의 순지출은 경쟁 팀들의 1% – 2016/17시즌 이적 시장	030

2016 2017
강팀에 강한 리버풀, 마지막까지 이어진 4위 싸움	035
클롭의 믿음직한 왼팔, 사디오 마네	040
에드워즈 단장의 비전, 클롭의 리더십과 만나다 – 2017/18시즌 이적 시장	043

2017 2018
비슷한 결과? 달라진 내용	046
리버풀의 유일신, 모하메드 살라	055
리버풀을 완성한 세계 최고 수비수, 버질 판 다이크	059
마침내 과감한 투자, 우승을 노린다 – 2018/19시즌 이적 시장	062

2018 2019
유럽 최고의 팀이 되다	066
리버풀의 약점을 무기로 바꾼 골키퍼, 알리송 베케르	076
스무 살에 최고의 풀백으로, 트렌트 알렉산더-아놀드	078

2019 2020
마침내 이뤄 낸 꿈, 30년 만의 숙원을 풀다	083
마침내 인정받은 리버풀의 영웅, 조던 헨더슨	090
모든 감독이 꿈꾸는 풀백, 앤드류 로버트슨	094

2020 2021
상상도 못 한 위기, 그리고 기적	099
리버풀의 믿음직한 등대, 파비뉴	108

2021 2022
사상 첫 쿼드러플을 꿈꾸다	112
서로를 발전시킨 최고의 라이벌, 클롭 vs 과르디올라	126

2022 2023
클롭 최악의 시즌, 한 시대가 끝을 맞이하다	132

2023 2024
굿바이 클롭, 또 한 번의 우승과 라스트 댄스	147
아르네 슬롯과 함께할 리버풀의 새 시대	154

EPILOGUE	156

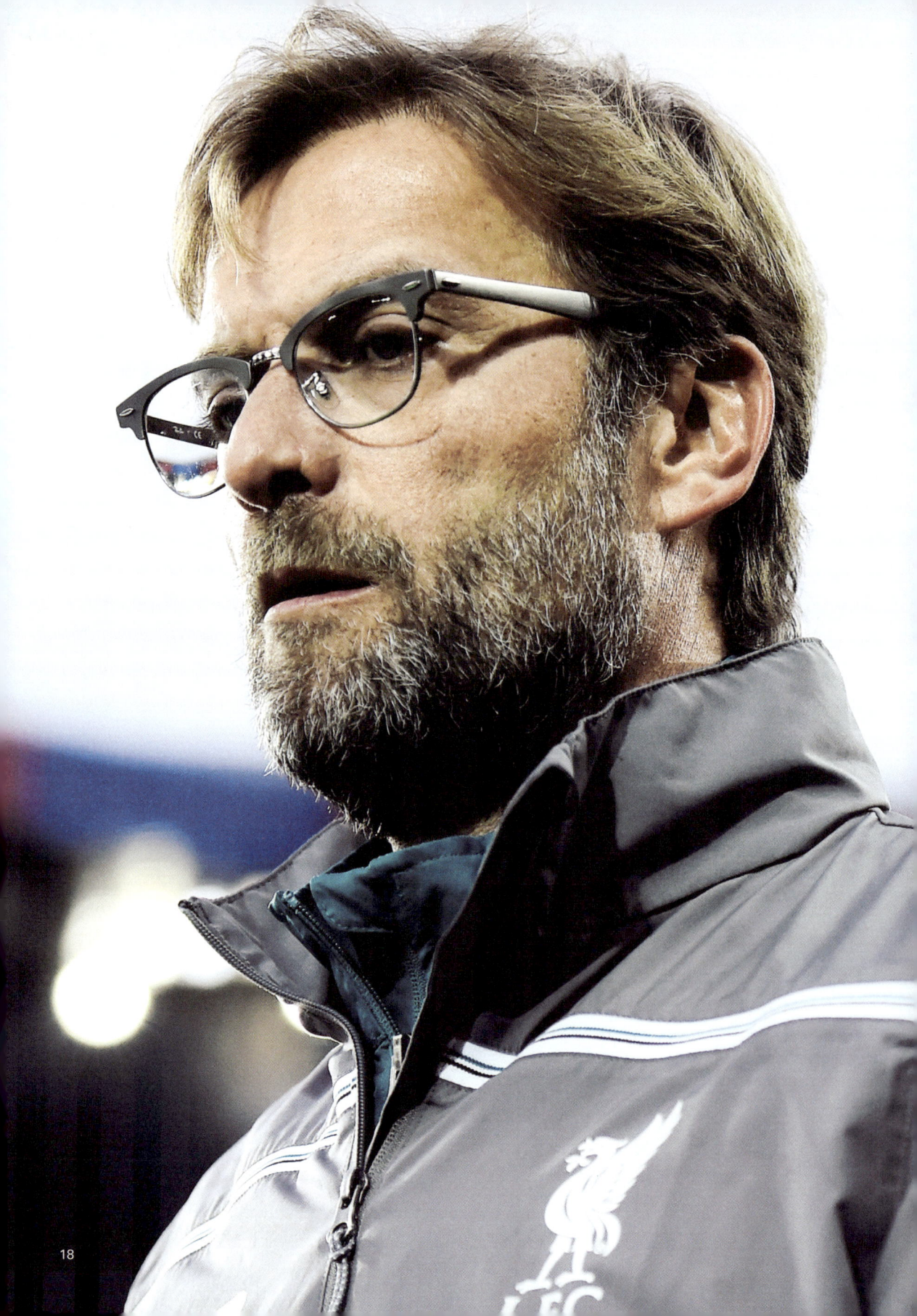

2015
2016

두 번의 준우승 배움과 경험의 시간

클롭이 지휘봉을 잡은 시점에 리버풀의 상황은 좋을 리가 없었다. 이전 시즌부터의 부진이 계속해서 이어져 오고 있었고 FSG 인수 초기 성공적이던 선수 영입 — 루이스 수아레스, 다니엘 스터리지, 필리페 쿠티뉴 — 은 수아레스가 바르셀로나로 떠난 2014년부터 흐름이 바뀌어 연달아 실패하고 말았다. 게다가 시즌 개막 이후에 부임한 클롭은 선수단 구성이나 시즌 준비에 전혀 관여하지 못했기 때문에 행사할 수 있는 영향력이 어디까지나 제한적이었다. 이에 감독 취임 기자회견에서 몇 년 안에 리버풀에 우승 트로피를 안길 수 있느냐는 질문이 나오자 당초 3년 계약으로 부임한 클롭의 답변은 "4년은 걸릴 것"일 정도였다. 실제로 리버풀은 클롭 부임 4년 만에 챔피언스 리그에서, 5년 만에 프리미어 리그에서 우승을 차지했다. 클롭의 출발은 신통치 않았다. 데뷔전은 손흥민의 소속팀 토트넘과의 프리미어 리그 맞대결이었는데 이는 0-0 무승부로 막을 내렸다. 결과는 아쉬웠고 여전히 약점들도 눈에 띄었으나, 첫 경기부터 클롭이 선수들에게 어떠한 움직임을 지시했는지는 명확히 알 수 있었다. 그 경기에서 리버풀 선수들이 뛴 거리는 총 116km로, 이전까지 치른 시즌의 어떤 경기보다도 4km 이상 많은 수치였다.

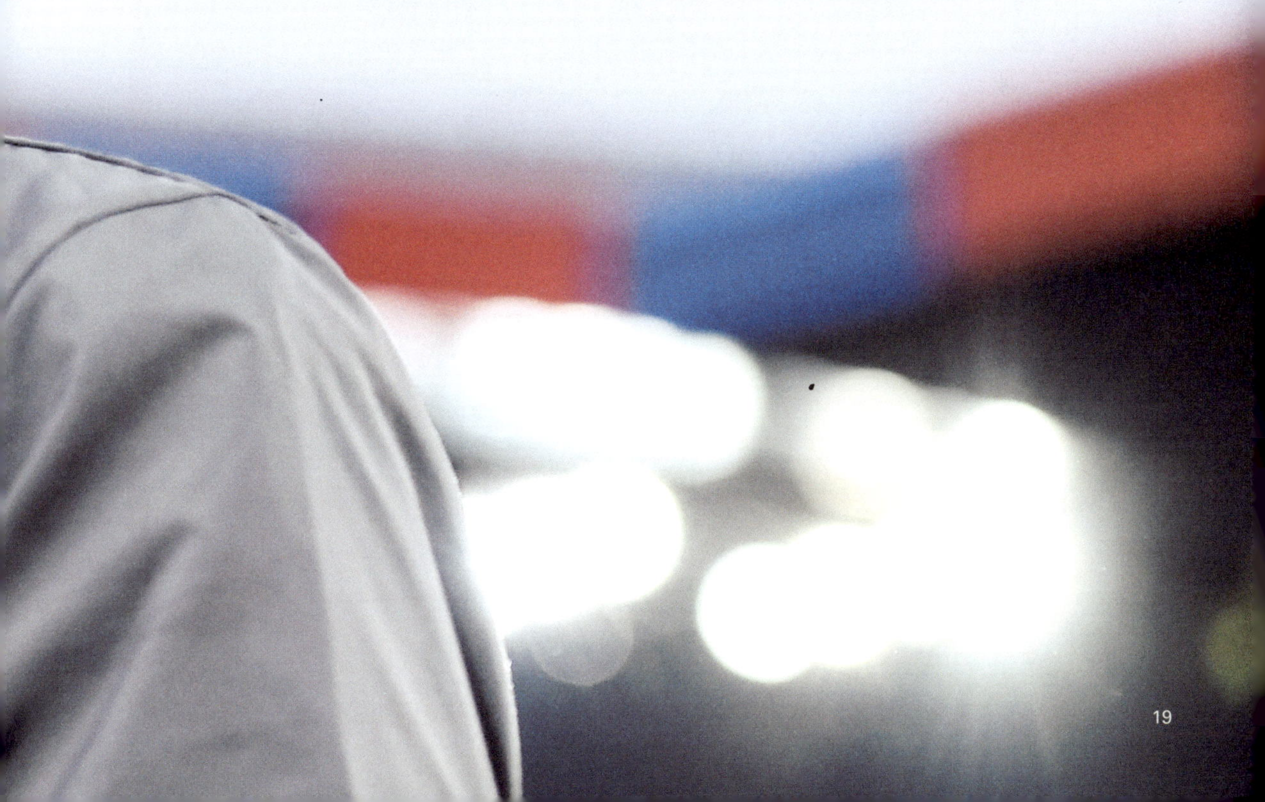

2015  2016

BEST 11

Philippe
COUTINHO — 10
필리페 쿠티뉴

Roberto
FIRMINO — 11
호베르투 피르미누

Adam
LALLANA — 20
애덤 랠라나

Emre
CAN — 23
엠레 찬

Lucas
LEIVA — 21
루카스 레이바

James
MILNER — 7
제임스 밀너

Alberto
MORENO — 18
알베르토 모레노

Mamadou
SAKHO — 17
마마두 사코

Dejan
LOVREN — 6
데얀 로브렌

Nathaniel
CLYNE — 2
네이션 클라인

Simon
MIGNOLET — 22
시몽 미뇰레

노력과 달리 결과에서는 무승부가 계속 이어졌다. 유로파 리그에서는 루빈 카잔과, 프리미어 리그에서는 사우샘프턴과 연달아 1-1로 비긴 것이다. 그러자 언론에서도 클롭에게 의문을 제기하기 시작했다. 게겐프레싱이 효과를 발휘하며 경기에서 상대를 압도하기는 하지만, 공격 작업이 효과적이지는 못하다는 비판이 주였다. 사우샘프턴과의 경기에서는 후반 41분에 훗날 리버풀에 입단하게 되는 사디오 마네에게 통한의 동점 골을 허용하기도 했다. 클롭 감독은 "축구는 동화 같은 이야기가 아닙니다. 선수들이 기술적으로 신체적으로 뛰어났는데도 승리하지 못한 건 너무 실망스럽지만 단지 한 경기일 뿐이에요. 침착해야 합니다."라며 신뢰를 당부했다.

3연속 무승부 끝에 마침내 첫 승과 연승이 찾아왔다. 먼저 리그컵 16강전에서는 수비수 네이선 클라인의 결승골로 본머스를 1-0으로 꺾었는데, 클롭이 분데스리가에서부터 주목하던 공격수 호베르투 피르미누가 결승골 장면에 관여하는 등 맹활약이 돋보인 경기였다. 이어진 첼시와의 프리미어 리그 맞대결에서는 처음으로 멀티 골이 터졌다. 당시 첼시는 주제 무리뉴 감독이 최악의 부진을 겪으며 사임 압박을 받고 있던 시기로, 리버풀이 경기 시작 3분 만에 선제골을 허용했음에도 충분히 경기를 압도하고 역전할 수 있는 상대였다. 그리고 이어진 유로파 리그 루빈 카잔 원정에서도 피르미누의 도움과 조던 아이브의 결승골로 1-0 승리를 거둔 리버풀은 본격적인 상승세를 타는 듯했다.

그러나 예상하지 못한 시점에 클롭의 첫 패배가 찾아왔다. 크리스탈 팰리스와의 프리미어 리그 홈 경기에서 주도권을 잡고도 상대의 단단한 수비와 역습에 무너지면서 1-2로 패한 것이다. 물론 유로파 리그 경기를 치르느라 러시아까지 다녀온 피로에 영향을 받은 패배라고도 볼 수 있지만, 상대 팀들에게는 리버풀을 공략할 힌트를 주는 경기이기도 했다.

이후에도 이와 비슷한 흐름이 이어졌다. 리버풀은 프리미어 리그 맨체스터 시티 원정에서 4-1, 리그컵 사우샘프턴 원정에서 6-1과 같은 대승을 거두는 등 인상적인 경기력으로 좋은 흐름을 만들었다가도, 뉴캐슬 원정에서 0-2로 완패하고 홈에서 웨스트 브롬과 2-2로 비긴 뒤 왓포드 원정에서 0-3으로 대패하는 등 좋은 흐름을 오랫동안 이어 가지는 못했다. 당시 리버풀이 여러 대회를 동시에 소화하고 있기에 선발 명단에도 자주 변화가 생겼고, 선수들은 클럽 감독이 요구하는 강한 압박을 충분한 훈련 없이 소화해야 했기 때문에 기복이 생기는 건 감수할 수밖에 없는 일이었다.

또한, 아무리 클롭 감독의 지도로 경기력이 나아졌다고 하더라도 결국 축구는 골을 득점하고 또 실점하지 않아야 이길 수 있는 스포츠다. 그런데 리버풀에는 2014년 여름 수아레스의 이적 이후로 확실하게 골을 넣어 줄 공격수가 없었고, 수비진 구성도 부실했기 때문에 경기력만큼 결과가 따라오기 어려웠다. 심지어 2014/15시즌에는 프리미어 리그에서 두 자릿수 골을 득점한 선수가 한 명도 없을 정도였고, 공식 대회에서 두 자릿수 골을 득점한 두 명의 선수는 모두 그 시즌을 끝으로 리버풀을 떠난 상태였다. (팀의 주장이자 핵심 미드필더이던 스티븐 제라드는 LA 갤럭시로, 측면 공격수 라힘 스털링은 맨체스터 시티로 이적해 새로운 도전에 나섰다.) 비록 클롭이 호펜하임에서 영입된 새로운 간판 공격수 피르미누를 분데스리가 시절부터 잘 알았다고 해도 감독과 선수 모두 새로운 팀, 새로운 리그에 적응해야 하는 과정이었기에 곧바로 득점을 책임질 선수를 만들어내기는 현실적으로 어려운 환경이었다. 그럼에도 피르미누는 프리미어 리그 10골로 팀에서 가장 많은 득점을 기록하기는 했다.

꾸준함이 무엇보다 중요한 프리미어 리그 순위 경쟁에서 리버풀이 4위 이상을 기록해 챔피언스 리그 진출권을 따는 일은 시즌 중반부터 어려워지고 말았다. 17라운드 왓포드 원정에서의 참패 이후로 리버풀의 최고 순위는 7위였고, 결국 이전 시즌보다 두 계단 낮은 순위인 8위로 시즌을 마무리해야 했다. 승점 자체도 2점이 줄어들었기에 결코 만족할 만한 성적은 아니었다. 그러나 컵 대회에서는 기대 이상의 결과가 따라왔다. 유로파 리그에서는 조별 리그 여섯 경기에서 2승밖에 거두지 못했음에도 (4무) 조 1위로 32강에 진출할 수 있었고, 리그컵에서는 결승에 오르기 전까지 매번 강팀을 피해 칼라일 유나이티드, 본머스, 사우샘프턴, 스토크 시티를 만났다. 그마저도 사우샘프턴을 6-1로 대파한 것 이외에는 한 골 승부 또는 승부차기까지 치르는 험난한 여정이었다.

이는 리버풀에 전화위복과 같았다. 클롭의 부임 첫 시즌에 최대한 많은 경기를 치르면서 선수들이 새로운 감독의 전술에 녹아들 기회가 충분했기 때문이다. 2015/16시즌 공식 대회에서 무려 63경기를 치른 경험을 바탕으로 앞으로의 성공에 대한 기반을 마련했다고 해도 과언이

아니다. 비록 무관에 그치기는 했으나 리그컵과 유로파 리그에서 결승까지 오르는 소기의 성과를 거두기도 했다. 리그컵 결승에서는 맨체스터 시티와 1-1로 극적인 무승부를 거둔 끝에 승부차기에서 1-3으로 패해 아쉽게 우승을 놓쳤다. 유로파 리그에서의 행보는 좀 더 특별했다. 16강에서는 잉글랜드 북서부의 숙적 맨체스터 유나이티드를 합산 스코어 3-1로 물리쳤고, 8강에서는 클롭 감독이 지휘했던 보루시아 도르트문트에 합산 스코어 5-4로 앞섰다. 원정에서 1-1로 비긴 이후 안필드 경기장에서 열린 2차전은 시즌의 하이라이트나 다름없었다. 리버풀은 경기 시작 2분 만에 헨리크 미키타리얀과 피에르-에메릭 오바메양에게 연달아 실점하며 벼랑 끝에 몰렸으나, 후반 들어 대반격에 나서며 추가 시간 데얀 로브렌의 역전 결승골로 끝끝내 4-3으로 승부를 뒤집었다.

시작부터 매우 어려운 경기에서 역전승을 거두는 게 5-0으로 이기는 것보다 더 짜릿합니다.
강팀을 상대로 투지를 발휘하며 맞서 싸운 점이 정말 좋았어요.
리버풀의 선수, 팬, 가족 모두와 기쁨을 나누고 싶습니다.
이미 알고 있었지만 안필드는 훌륭한 경기장이고 계속해서 오늘과 같은 특별한 밤을 만들 겁니다.

클롭 감독의 말대로 이는 리버풀을 하나의 가족으로 단합시키는 승리였다. 준결승에서도 비야레알을 상대로 1차전 원정에서 0-1로 패했으나, 리버풀은 또다시 2차전 홈 경기에서 저력을 발휘했다. 경기 시작부터 끝까지 홈 팬들의 뜨거운 응원을 받은 리버풀은 쉴 새 없이 상대를 몰아붙여 3-0으로 완승을 거뒀다. 비야레알은 애덤 랄라나와 피르미누를 앞세운 리버풀의 전방 압박에 고전을 면치 못하면서 이렇다 할 반격조차 하지 못하고 무너졌다. 이 승리가 더욱 특별했던 이유는 힐스보로 참사가 리버풀 팬들이 아닌 경찰의 책임이었다는 사법부의 최종 판결이 나오고 열린 첫 홈 경기였기 때문이다. 이 경기에서의 감동적인 승리와 함께 클롭은 부임한 지 반년 만에 리버풀의 가족으로 완전히 자리를 잡았다.

그로부터 약 2주 뒤, 상승세 속에 스위스 바젤로 향한 리버풀은 세비야와 유로파 리그 결승전을 치렀다. 세비야는 2연속 유로파 리그 우승을 차지해 온 만만치 않은 상대였으나, 리버풀은 피르미누와 다니엘 스터리지의 합작 골로 전반 35분

만에 리드를 잡았다. 그러나 시즌 내내 이어져 온 수비 불안이 후반 들어 발목을 잡고 말았다. 레프트백 알베르토 모레노의 실책으로 후반 1분 만에 동점골을 허용했고, 이어서 코케에게 연달아 두 골을 내주며 우승 트로피를 눈앞에 두고 아쉬움을 삼켜야 했다. 그러나 클롭은 좌절하고 있지만은 않았다.

무관에 프리미어 리그 8위라는 성적은 표면적으로 보기에 실망스러웠지만, 클롭 감독의 부임 첫 시즌에는 어느 정도 성과도 있었다. 클롭과 리버풀 팬들은 곧바로 좋은 관계를 형성했고, 선수들의 옥석도 가려졌다. 앞으로 할 일은 분명해졌다. 피르미누와 호흡을 맞출 공격수, 수비진을 리드해 줄 수비수, 안정적으로 골문을 지킬 골키퍼의 영입은 필수였다.

이 패배를 경험으로 활용해야 합니다.
다음 시즌에는 유럽 대회에 참가하지 않기 때문에 주중에 훈련할 시간이 있을 테고,
이번 시즌의 경험과 훈련을 바탕으로 분명히 더 강해져서 돌아올 겁니다.

JUERGEN KLOPP

클롭의 완벽한 선봉장 호베르투 피르미누

결과 면에서 아쉬웠던 2015/16시즌 리버풀의 가장 큰 수확 중 하나는 바로 피르미누의 영입이었다. 리버풀은 2015년 여름 이적 시장에서 공격진의 화력 보강을 위해 당시 구단 역대 최고 이적료 2위에 해당하는 2,900만 파운드를 아끼지 않고 피르미누에게 투자했다. 1위 앤디 캐롤(3,500만 파운드)이 실패를 맛본 아픈 기억이 있지만, 피르미누는 이미 호펜하임과 브라질 대표팀에서 맹활약을 펼치던 선수였고 독일 분데스리가에 빠르게 적응하고 꾸준히 성장하는 모습을 보여 줬기 때문에 리버풀은 영입에 확신을 가질 수 있었다.
그러나 리버풀 입단 초기는 순탄치 않았다. 피르미누는 호펜하임에서 공격형 미드필더 역할을 수행하던 선수였는데, 브렌던 로저스 감독은 맨체스터 시티로 떠난 라힘 스털링의 공백을 메우기 위해 피르미누를 측면 공격수로 활용했기 때문이다. 가뜩이나 새로운 리그에 적응하기도 바쁜 상황에서 익숙하지 않은 역할을 맡게 되니 제대로 활약을 펼치기는 어려울 수밖에 없었다. 4년간 몸담았던 호펜하임에서 측면에 기용됐던 건 세 경기 정도밖에 되질 않았다.
따라서 감독 교체는 피르미누에게 반가운 일이었다. 클롭은 분데스리가 시절부터 자신을 지켜보며 잘 파악하고 있던 감독이고, 심지어 리그 최고의 선수라는 찬사를 보낸 적도 있었기에 자신의 장점을 제대로 발휘할 수 있는 위치에서 중용을 받을 게 확실했다. 실제로 피르미누는 클롭 체제를 대표하는 중앙 공격수로 자리매김했다. 수비형 미드필더로 축구를 시작했기 때문에 공격수가 되어서도 피르미누의 수비력은 정평이 나 있었고, 이는 게겐프레싱의 선구자인 클롭 감독에게는 무엇과도 바꿀 수 없는 최고의 장점이 됐다. 호펜하임 시절 초반에는 다소 거친 수비를 펼치기도 해서 공식 대회 153경기에서 27장의 옐로 카드를 받았지만, 리버풀에서는 한층 성숙한 모습을 보이며 362경기에서 옐로 카드가 17장밖에 되지 않을 만큼 영리하고 효과적인 수비를 펼쳤다.

ROBERTO FIRMINO
UEFA 챔피언스 리그 시즌의 스쿼드 *2017-18*

클롭 재임 기간 공식 대회 최다 출전 TOP 10

355
호베르투 피르미누 *2015-2023*

346
모하메드 살라 *2017-2024*

323
제임스 밀너 *2015-2023*

307
트렌트 알렉산더-아놀드 *2016-2024*

304
조던 헨더슨 *2015-2023*

295
앤디 로버트슨 *2017-2024*

269
사디오 마네 *2016-2022*

267
버질 판 다이크 *2018-2024*

260
알리송 베케르 *2018-2024*

237
조르지뇨 바이날둠 *2016-2021*

수비적인 다재다능함을 먼저 부각했지만 공격적인 재능도 출중했다. 피르미누는 섬세한 볼 터치 기술을 갖추고 있어 상대에게 쉽게 공을 빼앗기지 않고, 좁은 공간에서도 압박을 뚫고 나올 수 있는 위협적인 공격수였다. 게다가 자신이 공을 갖고 있지 않을 때도 쉴 새 없이 상대 수비진에서 빈 공간을 찾아 움직이며 공격 기회를 만들고 동료에게 창의적인 패스를 연결하는 능력은 세계 최고 수준이었다. 골 결정력을 제외하고는 완벽한 공격수라는 평가를 받았는데, 결정력도 세계적인 공격수치고는 다소 부족한 정도이지 득점 기회를 자주 놓치는 선수는 아니었다. 리버풀에서 여덟 시즌을 보내면서 공식 대회 두 자릿수 골을 넣지 못한 것은 2020/21시즌이 유일했다 (9골). 프리미어 리그만 봐도 통산 82골로 시즌 평균 10골이라는 준수한 득점 기록을 남겼다.

로저스 감독 시절 측면에 기용돼 좀처럼 활약하지 못하던 피르미누는 중앙 공격수로 기용된 맨체스터 시티 원정에서 마침내 리버풀 입단 후 첫 골을 터트렸다. 리버풀이 전반에만 세 골을 터트리며 대승을 거둔 경기에서 피르미누는 선제골(상대 자책)로 이어진 패스를 공급하고, 쿠티뉴가 넣은 두 번째 골에 도움을 기록한 데 이어 세 번째 골을 직접 넣는 맹활약으로 일찌감치 승부를 결정지었다.

그런데 여기서부터 클롭 감독의 고민이 시작됐다. 전임 로저스 감독의 요청으로 영입된 최전방 공격수 크리스티앙 벤테케 때문이었다. 벤테케는 피르미누보다도 비싼 3,250만 파운드의 이적료를 기록한 선수였기에 구단 입장에서는 거액을 투자한 선수를 활용하지 않는 것은 납득하기 어려웠고, 벤테케 본인도 공개적으로 꾸준한 출전 기회를 요구했다. 벤테케가 최전방에 선발로 나서게 되면 피르미누는 그보다 아래 쪽에서 처진 공격수 또는 공격형 미드필더 역할을 수행했다. 이는 피르미누에게 익숙한 역할이었지만, 문제는 벤테케와의 호흡이 그다지 좋지 못했다는 점이다. 호펜하임에서 피르미누가 호흡을 맞춰

온 최전방 공격수들은 움직임이 빠르거나 연계 플레이에 능했지만, 벤테케는 제공권과 결정력에 강점을 갖춘 공격수였다. 기존의 주전 공격수이던 다니엘 스터리지와의 호흡은 한결 나았으나, 스터리지는 잦은 부상으로 자리를 비우며 시즌 내내 25경기 출전에 그쳤다. 또한, 당시 리버풀에는 피르미누의 대각선 전개 패스를 받아 골을 터트릴 측면 공격수도 존재하지 않았다. 리버풀의 공격진 구성 문제가 활약에 영향을 끼치기는 했지만, 그럼에도 피르미누는 프리미어 리그 10골로 팀 내 최다 득점자에 등극했고 공식 대회 전체를 합해 골과 도움 모두 두 자릿수를 기록하는 기염을 토하며 성공적인 데뷔 시즌을 보냈다. 반면에 벤테케는 단 한 시즌만 리버풀에 머문 뒤 클롭 감독이 추구하는 전술에 맞지 않는다는 결론과 함께 2016년 여름 크리스탈 팰리스로 떠나갔다.

피르미누는 동료와의 호흡을 잘 활용하는 선수이기 때문에 공격진 구성에 활약 여부가 달려 있다고 해도 과언이 아니다. 이어진 시즌 사디오 마네, 그로부터 또 1년 뒤 모하메드 살라가 합류한 뒤 함께 구성한 공격 삼각 편대가 프리미어 리그 역사를 통틀어서도 최고 중 하나라는 평가를 받았던 것을 보면 피르미누의 진정한 가치를 알 수 있다. 살라가 합류한 2017/18시즌 리버풀이 챔피언스 리그 결승까지 오르는 과정에서 피르미누와 살라는 나란히 11골을 터트리는 활약으로 해당 시즌 대회 베스트 18에 선정됐고, 마네까지 합한 세 선수의 시즌 합산 득점은 91골에 달했다. 30대에 접어든 마지막 두 시즌에는 확고한 주전 자리에서 물러나며 출전 시간이 줄어들기는 했어도, 피르미누는 경기에 투입됐을 때 늘 자기 몫을 해주는 선수였다. 클롭의 리버풀 부임 시점부터 가장 믿을 수 있는 공격수였기에 클롭 재임 기간 가장 많은 경기인 355경기를 소화한 것은 당연한 결과다. 리버풀이 피르미누와의 작별을 준비하기 시작한 2022/23시즌에는 새로운 최전방 공격수로 다르윈 누녜스와 코디 학포가 연달아 영입됐으나, 아직 20대 초반에 불과하던 두 공격수가 피르미누의 존재감을 대체하는 건 역부족일 수밖에 없었다. 피르미누는 객관적인 기량만이 아닌 선수 자체의 장점과 특징까지도 클롭의 축구에 완벽하게 어울리는 선봉장이었다.

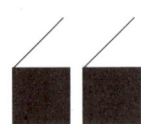

피르미누는 제 재임 기간 이룬 모든 일들의 핵심이었습니다. 그가 빠진 리버풀의 축구가 어떤 모습일지 상상할 수 없게 된 지도 아주 오래된 것 같네요. 선수로서만이 아니라 인간적으로도 피르미누가 그리울 겁니다.

이적을 앞둔 피르미누에게 보낸

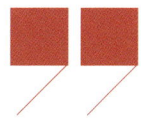

> 그렇지만 우리는 프로 축구인이고 때로는 작별해야 할 때가 오는 게 당연합니다.
> 피르미누가 해 준 모든 일들에 영원히 감사하며,
> 제게 피르미누는 리버풀 역대 최고의 선수 중 하나로 기억될 겁니다.

클롭 감독의 작별 인사

리버풀의 순지출은 경쟁 팀들의 1% 2016/17시즌 이적 시장

잉글랜드 프리미어 리그에서 우승 경쟁 다음으로 많은 관심을 끄는 것은 바로 유럽 최고 수준 대회인 챔피언스 리그 진출권이 걸린 4위권 경쟁이다. 리버풀은 잉글랜드를 대표하는 명문 구단 중 하나임에도 2010/11시즌부터 2016/17시즌까지 7년 사이에 단 한 차례만(2014/15시즌) 챔피언스 리그에 참가하는 암흑기를 보내고 있었다. 따라서 클롭 감독이 시즌 전체를 온전히 지휘하는 2016/17시즌에는 반드시 프리미어 리그 4위 이상을 기록해 다음 시즌 챔피언스 리그에 참가하는 게 무엇보다 중요했다. 이전 시즌에 프리미어 리그 8위를 기록하고 다른 컵 대회에서도 우승이 좌절되며 오로지 국내 대회에만 집중할 수 있는 환경이었기 때문에 4위권 진입은 선택이 아닌 필수에 가까웠다. 그렇지만 현실이 녹록한 것은 아니었다. 워낙 순위 경쟁이 치열했던 만큼 다른 팀들이 막대한 지출을 감수하며 전력을 보강했기 때문이다. 2016년 여름 이적 시장에서 맨체스터 시티와 맨체스터 유나이티드는 각각 1억 7천만 유로, 첼시와 아스널은 각각 1억 유로 이상의 순지출을 기록하며 대대적인 선수 영입에 나섰다. 리버풀도 8천만 유로에 가까운 이적료를 썼지만, 실리적인 선수 판매로 이를 대부분 탕감하며 순지출은 1백만 유로를 조금 넘어서는 정도에 그쳤다. 자신들보다 100배 이상의 순지출을 기록한 팀이 이미 넷이나 되는데도 4위권에 진입해야만 하는 것이 리버풀의 현실이었다.

리버풀 구단주인 FSG 입장에서도 어느 정도 성공의 가능성을 확인해야만 이후 정상으로 도약할 수 있을 만큼의 과감한 투자를 할 수 있었기 때문에 우선은 클롭 감독이 제한된 자원을 가지고 영리하게 팀을 구성해 성공의 발판을 만들어야 했다. 사실 클롭은 2015/16시즌이 끝나기도 전에 발빠르게 움직이기 시작했다. 샬케와 계약 만료를 앞두고 있던 중앙 수비수 조엘 마팁을 자유 계약으로 영입하기로 이미 2016년 2월에 합의를 마친 것이다. 가장 큰 문제로 지적되던 수비진을 개선해 줄 자원을 이적료 한 푼 들이지 않고 데려온 것은 분데스리가에 이미 클롭 감독의 명성이 알려져 있던 덕분이다. 게다가 샬케는 클롭이 이전에 지휘했던 도르트문트의 라이벌 구단이었기에 리버풀뿐만 아니라 도르트문트 팬들도 마팁의 자유 이적을 기뻐했다. 수비진의 리더 다음으로 보강이 절실하게 필요한 부분은 공격진이었다. 벤테케는 팀의 색깔과 맞지 않았고, 스터리지는 자주 부상에 시달리는 선수였기에 믿을 수 있는 골잡이가 필요했다. 측면에서의 날카로움도 부족했기 때문에 측면에서부터 중앙으로 들어오면서 과감한 슈팅으로 골을 노릴 윙어 또한 필요했다. 이 두 조건을 동시에 충족한 선수가 바로 사디오 마네였다. 마네는 이미 2년간 사우샘프턴에서 활약하며 두 시즌 연속 프리미어 리그 두 자릿수 득점을 기록해 실력을 입증한 선수였고, 사우샘프턴의 전력이 리그 중하위권이었던 것을 고려하면 리버풀에서는 그 이상의 활약을 보여 줄 가능성이 충분했다. 이에 리버풀은 마네의 영입을 위해 당시 구단 최고 이적료인 4,120만 유로를 투자했다.

중원에도 기동력이 뛰어나고 다재다능한 뉴캐슬의 미드필더 조르지뇨 바이날둠을 영입했다. 클롭 감독은 운동 능력이 출중한 미드필더를 선호하는데, 이는 단순히 압박 강도를 유지하기 위해서만이 아니라 측면 자원들과의 연계 플레이를 위해 다양한 위치로 움직일 수 있어야 하기 때문이다. 바이날둠은 자기 진영과 상대 진영을 오가는 박스 투 박스 미드필더이면서 득점력까지 갖춰 공격형 미드필더도 소화할 수 있고, 발 빠르게 측면까지도 오갈 수 있는 선수였기 때문에 클롭의 낙점을 받았다. 뉴캐슬의 주전으로 활약하고 있는 선수였지만, 본인이 이적을 원해 합리적인 2,750만 유로의 이적료에 영입할 수 있었다. 이들 외에도 골키퍼 주전 경쟁을 위해 마인츠로부터 로리스 카리우스를, 백업으로 아우크스부르크 골키퍼 알렉산더 마닝거를 영입했고, 수비진에도 유망주 라그나르 클라반을 추가로 영입하며 리버풀은 성공적으로 전력을 보강해 2016/17시즌을 맞이했다.

2016 2017 인 앤 아웃 IN&OUT

IN

SADIO MANE
사디오 마네 사우샘프턴 ▶ 4,120만 €

GEORGINIO WIJNALDUM
조르지오 바이날둠 뉴캐슬 ▶ 2,750만 €

LORIS KARIUS
로리스 카리우스 마인츠 ▶ 620만 €

RAGNAR KLAVAN
라그나르 클라반 아우크스부르크 ▶ 5백만 €

JOEL MATIP
조엘 마팁 샬케 ▶ 자유 이적

ALEHANDER MANNINGER
알렉산더 마닝거 아우크스부르크 ▶ 자유 이적

OUT

CHRISTIAN BENTEKE
크리스티앙 벤테케 크리스탈 팰리스 ▶ 3,120만 €

JORDON IBE
조던 아이브 본머스 ▶ 1,800만 €

JOE ALLEN
조 앨런 스토크 시티 ▶ 1,550만 €

MARTIN SKRTEL
마틴 스크르텔 페네르바체 ▶ 600만 €

MAMADOU SAKHO
마마두 사코 크리스탈 팰리스 ▶ 230만 € (임대)

2016년 여름 이적 시장 BIG 6

- MANCHESTER UNITED
- MANCHESTER CITY
- ARSENAL
- CHELSEA
- TOTTENHAM
- LIVERPOOL

지출	수입		순지출
€1억 8,500M	€825M	=	€1억 7,600M
€1억 8,325M	€1,250M	=	€1억 7,000M
€1억 1,300M	€800M	=	€1억 500M
€1억 3,280M	€3,200M	=	€1억
€8,240M	€4,590M	=	€3,650M
€7,990M	€7,878M	=	€100M

Premier League 2016/2017

강팀에 강한 리버풀 **마지막까지 이어진 4위 싸움**

이전 시즌 리그컵과 유로파 리그 결승까지 진출하며 많은 경기를 치러 팀에 클롭 감독의 색깔을 입히고, 클럽이 원하는 부분에 전력을 보강한 리버풀은 새 시즌 초반부터 확실히 발전된 모습을 보였다. 개막전부터 전통의 강호 아스널 (이전 시즌 2위) 원정이라는 어려운 경기가 기다리고 있었으나, 리버풀은 쿠티뉴의 두 골과 애덤 랠라나, 신입 공격수 사디오 마네의 결승골을 묶어 짜릿한 4-3 승리로 기분 좋게 시즌을 시작할 수 있었다. 그러나 이어진 번리 원정에서는 시종일관 경기를 주도하고도 수비에서 아쉬운 모습을 보이며 손쉽게 두 골을 내줘 0-2로 패하고 말았다. 이 두 경기가 리버풀의 2016/17시즌을 요약해서 보여 줬다고 해도 과언이 아닌데, 리버풀은 강팀을 상대로 클롭 감독의 색깔을 확실하게 내며 발전하고 있다는 걸 보여 줬지만, 수비에 무게 중심을 둔 중하위권 팀들을 공략하는 데는 어려움을 겪기도 했다.

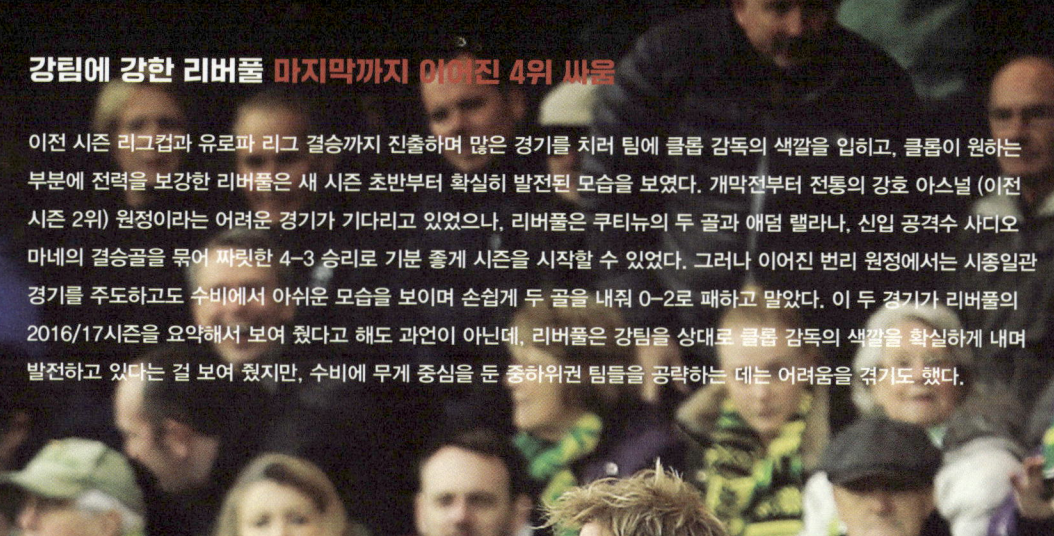

2016 2017

BEST 11

Philippe
COUTINHO
필리페 쿠티뉴

Roberto
FIRMINO
호베르투 피르미누

Sadio
MANE
사디오 마네

Adam
LALLANA
애덤 랠라나

Emre
CAN
엠레 찬

Georginio
WIJNALDUM
조르지뇨 바이날둠

James
MILNER
제임스 밀너

Dejan
LOVREN
데얀 로브렌

Joel
MATIP
조엘 마팁

Nathaniel
CLYNE
네이션 클라인

Simon
MIGNOLET
시몽 미뇰레

다행히 프리미어 리그에서는 번리에 패한 이후 11월까지 11경기 무패 행진이 이어졌다. 디펜딩 챔피언인 레스터 시티를 홈으로 불러들여 4-1로 대파했고, 첼시 원정에서는 조던 헨더슨이 아름다운 포물선을 그리는 중거리 슈팅으로 결승골을 터트리며 2-1로 승리했다. 특히 이 경기는 피르미누가 부상으로 빠졌음에도 경기 내내 강한 압박 강도를 유지하며 첼시를 괴롭혀 내용 면에서 클롭의 축구가 충분히 통할 수 있다는 찬사를 받았다. 왼쪽 측면 수비수를 새로 영입하는 대신 미드필더 제임스 밀너에게 그 역할을 맡긴 변화도 성공이라는 것이 증명됐다. 리그컵에서도 다시 한번 순항을 계속하며 버튼 알비온, 더비 카운티, 토트넘, 리즈 유나이티드를 차례로 꺾고 준결승까지 진출했다. 12월 들어서도 본머스에 뜻밖의 대역전패 — 경기 종료 20분을 남겨 두고 3실점한 끝에 3-4로 패했다 — 를 당한 경기를 제외하면 승승장구가 이어졌다. 머지사이드 지역 라이벌인 에버턴 원정에서는 상대의 격렬한 저항을 이겨 낸 끝에 94분에 터진 마네의 극장 결승골로 1-0 승리를 가져왔고, 펩 과르디올라 감독이 부임한 맨체스터 시티를 홈으로 불러들여 바이날둠의 결승골로 역시 1-0 승리를 거뒀다. 이 경기에서는 리버풀이 고전하자 클롭 감독이 열정적으로 홈 팬들의 응원을 촉구하며 분위기를 바꾼 끝에 전반 8분에 터진 바이날둠의 골을 지킬 수 있었다. 에버턴과 맨체스터 시티를 상대로 거둔 무실점 승리에서는 그동안 불안 요소로 지적되던 리버풀의 수비진이 힘든 상황도 이겨 낼 수 있음을 보여 줬다.

그러나 리버풀의 운명은 2017년이 되면서 거짓말처럼 바뀌었다. 마네가 세네갈 대표로 아프리카 네이션스컵에 참가하기 위해 팀을 떠나고, 쿠티뉴가 발목 부상으로 이탈하며 전력에 공백이 발생했기 때문이다. 휴식이 부족한 상태에서 치른 선덜랜드 원정에서는 거의 일방적으로 공격을 퍼붓고도 페널티킥만 두 번을 내주면서 두 번의 동점 골을 허용한 끝에 2-2 무승부를 기록했다. 이에 클롭 감독은 주전 선수들의 체력 회복을 위해 이어진 플리머스 아가일과의 FA컵 3라운드 홈 경기에서 대대적인 로테이션을 가동했고, 10대 선수만 다섯 명이나 선발로 출전하며 당시 시점에 리버풀의 공식 대회 경기 역대 최연소 선발 명단을 구성했다. 11명 선수들의 평균 연령은 21세 296일에 불과했다. 아쉽게도 이 결단은 독이 되고 말았다. 4부 리그 소속이던 상대가 완전히 뒤로 물러서서 수비만 펼치자 노련함이 부족한 리버풀의 어린 선수들은 좀처럼 득점 기회를 만들지 못했고, 후반에는 공격진에 스터리지, 피르미누, 랠라나 등이 교체로 투입됐음에도 끝내 상대의 골문을 열지 못한 채 결국 0-0 무승부를 거두며 재경기를 치르는 부담을 안게 된 것이다.

클롭 재임 기간 공식 대회 득점 TOP 10

210
모하메드 살라 *210골 346경기*

120
사디오 마네 *120골 269경기*

111
호베르투 피르미누 *111골 355경기*

56
디오구 조타 *56골 145경기*

41
디보크 오리기 *41골 171경기*

37
필리페 쿠티뉴 *37골 89경기*

33
다르윈 누녜스 *33골 93경기*

25
다니엘 스터리지 *25골 90경기*

25
제임스 밀너 *25골 323경기*

24
루이스 디아스 *24골 95경기*

클롭 재임 기간 빅6 팀 간 공식 대회 맞대결 성적 BIG 6

FA컵에서의 로테이션이 허무하게도, 리버풀은 사우샘프턴과의 리그컵 준결승 1차전에서 심각한 부진에 빠졌다. 전반 20분에 네이선 레드먼드에게 결승골을 내주며 0-1로 패했는데, 로리스 카리우스 골키퍼의 선방과 사우샘프턴의 골대 불운이 없었다면 더 큰 점수 차로 패해야 마땅한 경기였다. 잉글랜드 언론들은 이 경기를 클롭 감독 부임 이래 최악의 경기였다고 평가했고, 클럽 또한 이를 인정하며 내용상은 두 골 차 이상으로 패하는 게 당연했기 때문에 0-1 패배는 행운이라고 했을 정도다. 이후에도 승리는 쉽사리 나오지 않았다. 플리머스 아가일과의 FA컵 재경기가 1월에 거둔 유일한 승리였으나, 그마저도 다음 라운드에서 울버햄튼에 패해 탈락하며 의미가 없어졌다. 리그컵에서도 반전을 만들지 못한 채 준결승 2차전에서 또다시 0-1로 패해 사우샘프턴에 밀려 탈락했다.

프리미어 리그에서도 스완지와 헐 시티에 패하는 등 처참한 결과가 이어졌다. 그나마 위안이 됐던 것은 맨체스터 유나이티드, 첼시와의 맞대결에서는 패배를 허용하지 않고 두 경기 모두 1-1 무승부를 거뒀다는 점이다. 빅6 팀 간의 맞대결에서 보여 준 강한 모습이 더 큰 순위 하락을 막아 줬다. 2월까지도 헐 시티와 레스터 시티에 패하는 부진이 이어졌으나, 당시 2위를 달리던 토트넘과의 맞대결에서는 마네가 빠르게 터트린 두 골로 2-0 완승을 거뒀다. 마침내 반전이 찾아온 것은 3월이었다. 발목 부상에서 돌아온 쿠티뉴의 활약을 앞세워 아스널과의 중요한

	승	무	패	골득실
MANCHESTER CITY	57	22	38	+62
LIVERPOOL	47	45	20	+63
CHELSEA	37	35	46	-27
MANCHESTER UNITED	36	28	38	-33
ARSENAL	32	29	45	-40
TOTTENHAM	27	23	49	-25

맞대결에서 3-1 승리를 거둔 리버풀은 번리를 상대로 2-1 역전승을 거두며 2017년 들어 처음으로 프리미어 리그에서 연승에 성공했다. 번리와의 경기는 특히나 의미가 컸는데, 그동안 강팀에만 강한 면모를 보여 온 리버풀이 마침내 중하위권 팀을 상대로 좋지 않은 경기를 펼치면서도 승리를 거두는 결과를 냈기 때문이다. 클롭 감독도 "리버풀에 부임해 처음으로 거둔 지저분한 승리인 것 같습니다. 이런 경기에서 그동안은 승리하지 못했는데 마침내 해냈습니다."라며 만족감을 나타냈다.

이 경험은 시즌 막바지에 결정적으로 작용했다. 리버풀은 시즌 종료까지 크리스탈 팰리스에만 1-2로 패했을 뿐 (두 골을 모두 벤테케에게 내줬다) 나머지 프리미어 리그 경기에서는 무패를 이어 갔고 스토크 시티, 웨스트 브롬, 왓포드를 상대로 챙긴 1점 차 승리는 4위권 진입에 큰 도움이 됐다. 더는 '강강약약'의 기복 심한 팀이 아니라 제대로 성적을 낼 줄 아는 팀으로 성장하게 된 것이다.

그리고 이 성장은 시즌 막바지에 확실하게 힘을 발휘했다. 리버풀은 36라운드 사우샘프턴과의 맞대결에서 0-0으로 비기며 프리미어 리그 4위권 경쟁을 마지막까지 이어 가게 됐다. 남은 웨스트햄, 미들즈브러와의 경기를 모두 이기면 자력으로 목표를 달성할 수 있었다. 웨스트햄 원정에서는 쿠티뉴가 2골 1도움을 올리는 활약에 힘입어 상대를 압도하는 경기력으로 4-0의 대승을 거뒀다.

최종 라운드 미들즈브러와의 홈 경기는 긴장감이 극에 달했다. 상대는 이미 강등이 확정된 상황이라 잃을 게 없었고, 리버풀은 삐끗하면 챔피언스 리그 진출권을 놓칠 수 있었기에 조심스럽지만 확실하게 승리를 노려야 했다. 전반 내내 리버풀이 깊게 내려선 상대 수비를 공략하지 못하는 사이에 경쟁 팀인 아스널이 에버턴에 앞서 나가면서 리버풀도 반드시 승리가 필요했졌다. 그리고 전반 추가 시간 1분, 바이날둠이 오른쪽 측면에서 페널티 박스 안으로 돌진하며 피르미누와 원투 패스를 주고 받은 뒤 날카로운 슈팅으로 마침내 골망을 흔들었다. 안필드 경기장을 짓누르고 있던 압박감이 일순간에 해소되며 기쁨의 함성이 터져 나왔다. 너무나 귀중한 득점으로 긴장을 해소한 리버풀은 후반 들어 한결 여유로운 공격을 펼치며 두 골을 추가해 3-0 승리를 거두고 프리미어 리그 4위로 2016/17시즌을 마칠 수 있게 됐다.

선수들이 환상적인 축구를 해냈습니다.
다음 시즌이 정말 기대돼요.
기반을 아주 잘 구축했다고 생각합니다.
조직력이 강할수록 공격에서 더 자유롭게 특별한 플레이를 할 수 있는 겁니다.

클롭의 믿음직한 왼팔 사디오 마네

2016년 여름 당시 득점력이 부족하던 리버풀에 '킬러 본능'을 갖춘 공격수의 영입은 필수였다. 그러면서도 팀을 건설하기 시작한 클롭 감독의 전술 철학에도 어울리는, 강도 높은 전방 압박과 득점을 모두 해낼 공격수를 찾는 건 쉽지 않은 일처럼 보일 수도 있었다. 다행히도 리버풀은 그런 선수를 찾기 위해 고생할 필요가 없었다. 이미 적임자가 프리미어 리그 무대에서 활약하고 있었기 때문이다. 그 주인공은 바로 마네였다.

마네는 사우샘프턴에서 2년간 활약하며 두 시즌 모두 공식대회 두 자릿수 득점을 기록하고 있었다. 2014/15시즌에는 10골을 넣었고, 2015/16시즌에는 15골을 넣으며 팀 내 최다 득점 선수가 됐다. 이전 팀인 레드불 잘츠부르크와 리버풀 경력까지 합해 10시즌 동안 마네는 리그에서 매번 두 자릿수 득점에 성공할 정도로 득점에 기복이 없는 선수였다. 뛰어난 운동 능력과 양 발을 모두 사용하는 슈팅 능력은 공격수로서 흠잡을 데가 없었다.

팀의 전술을 이해하며 압박 수비에 가담하는 능력도 프리미어 리그에 입성하기 전부터 키워 온 것이었다. 세네갈과 프랑스 무대에서 뛰던 때까지는 개인의 공격 재능과 폭발적인 스피드에 의존하던 선수였지만, 오스트리아 무대로 건너가 잘츠부르크에 입단한 이후부터는 로저 슈미트 감독의 지도를 받으며 전술에 대한 이해도가 높아져 압박에 언제 어떻게 가담해야 하는지를 이해하게 된 것은 물론이고 공격 작업 때도 한결 더 영리하게 움직이며 상대 수비를 따돌릴 수 있게 됐다. 당시 슈미트 감독이 목표로 삼았던 팀이 바로 클롭 감독이 지휘하던 보루시아 도르트문트였기에 마네는 클롭을 위한 선수로 성장하고 있는 셈이나 다름없었다. 2014년 당시 클롭은 유로파 리그에서 마네가 활약하는 모습을 지켜보고도 영입하지 못한 것을 자신의 감독 경력 최대의 실수 중 하나라고 말했을 정도다.

마네와 클롭은 결국 분데스리가가 아닌 프리미어 리그에서 만났고, 둘의 만남은 기대했던 대로 천생연분이었다. 마네의 직선적이고 폭발적인 움직임은 피르미누, 쿠티뉴의 창의성과도 환상적인 조화를 이뤘다. 아스널과의 시즌 개막전부터 골을 터트리기 시작한 마네는 계속해서 꾸준한 활약을 펼치며 자신의 프리미어 리그 출전 경기에서 리버풀이 기록한 득점의 거의 절반에 관여했다 (13골 8도움). 리버풀의 부진이 마네가 대표팀 합류나 부상으로 빠졌을 때 찾아왔다는 점도 그가 입단 첫 시즌부터 얼마나 팀에 중요한 존재였는지를 보여 준다.

리버풀에서의 첫 시즌을 오른쪽 측면에서 보냈던 마네는 이어진 2017/18시즌부터 모하메드 살라에게 자리를 내주고 왼쪽으로 보직을 변경해 더 큰 성공을 거두기 시작했다. 살라는 마네에게 최고의 동료이자 숙적이었는데, 두 선수는 프리미어 리그 득점왕을 다퉜을 뿐만 아니라 아프리카 최고의 선수 자리를 두고도 계속해서 경쟁해야 했기에 서로를 돕는 동시에 자극하며 발전할 수 있었다. 2018/19시즌에는 마네와 살라 모두 나란히 22골을 터트려

SADIO MANE

선수 협회 선정 프리미어 리그 올해의 팀 *2016/17, 2018/19, 2019/20, 2021/22*
프리미어 리그 득점왕 *2018/19*공동*
챔피언스 리그 올해의 팀 *2018/19*
UEFA 올해의 팀 *2019*

피에르-에메릭 오마베양과 함께 아프리카를 대표하는 세 선수가 프리미어 리그 공동 득점왕에 오르는 진풍경을 만들기도 했다. 이 셋 중 페널티킥 득점이 하나도 없었던 건 마네뿐이다. 미드필더 제임스 밀너가 보직을 변경해서 맡았던 왼쪽 측면 수비에 앤드류 로버트슨이 영입된 것도 마네에겐 도움이 되는 요소였다. 로버트슨이 끊임없이 공격에 가담해 측면에서 상대 수비를 괴롭히자 마네에겐 중앙으로 파고들어 더 직접적으로 상대 골문을 타격할 기회가 늘어났기 때문이다. 공격진에 피르미누, 수비진에 로버트슨이라는 믿음직한 조력자들과 함께하며 마네는 리버풀 유니폼을 입고 통산 120골을 터트리는 기염을 토했다.

마네가 거둔 성공은 리버풀에서 클롭 감독의 입지에도 큰 도움이 됐다. 마네를 영입하기 1년 전에 경험했던 크리스티앙 벤테케의 실패는 리버풀이 투자를 주저하게 만들 수도 있었다. 그러나 마네가 3,700만 파운드 이적료의 값어치를 톡톡히 하면서 데뷔 시즌에 동료들과 팬들로부터 최고의 선수로 선정될 정도의 활약을 펼치자 계속해서 우승에 필요한 선수에게는 막대한 투자를 하게 된 리버풀이다. 클롭 감독과 마이클 에드워즈 단장이 충분한 논의를 통해 영입할 선수를 선택했고, 마네에 이어 살라와 버질 판 다이크를 영입하면서 리버풀은 우승으로 가는 길을 완성하게 된다.

에드워즈 단장의 비전 클롭의 리더십과 만나다 2017/18시즌 이적 시장

2017년 여름 이적 시장은 리버풀에 중요한 갈림길이었다. 리버풀의 목표는 유럽 정상급 구단의 위상을 회복하는 것이었고, 그를 위해서는 챔피언스 리그 참가에만 의의를 두는 것이 아니라 프리미어 리그와 병행하며 두 대회 모두에서 우승을 노릴 만한 선수단을 갖춰야 했다. 이는 곧 공격부터 수비까지 모든 포지션에 고루 보강이 필요하다는 이야기였는데, 특히나 미드필더들이 보직을 변경하면서까지 수비진을 커버하는 경우가 많았기 때문에 수비진 보강은 더욱 절실했다.

1년 전 여름 거의 돈을 쓰지 않았던 리버풀은 달라진 모습을 보였다. 4,800만 유로의 순지출을 기록하며 (이 또한 맨체스터 시티, 맨체스터 유나이티드, 첼시와 비교하면 작은 금액이긴 하다) 공격진에 모하메드 살라와 도미니크 솔란케, 중원에 알렉스-옥슬레이드 체임벌린, 측면 수비에 앤드류 로버트슨을 각각 영입한 것이다. 가장 중요해 보이던 센터백 영입에 실패한 것이 큰 아쉬움으로 남았지만, 5개월을 기다려 2018년 1월 이적 시장에서 최고의 영입을 이뤄 내게 된다.

당시 합류한 네 선수 중 특히 살라는 리버풀의 역사를 바꾼 영입이 됐는데, 전설로 남게 된 마네-피르미누-살라의 공격 삼각 편대를 구성하게 된 데는 마이클 에드워즈 단장의 구상이 큰 몫을 했다. 에드워즈는 2011년부터 리버풀에서 퍼포먼스 분석 팀장으로 일하며 클롭 감독의 선임 과정에도 영향을 끼쳤고, 2016년에는 단장으로 취임하며 클롭 재임 기간 팀의 핵심이 된 선수 대부분을 영입하는 데 결정권자로서 훌륭한 역할을 해낸 인물이다.

2017·2018 인 앤 아웃 IN&OUT

MOHAMED SALAH
모하메드 살라 AS 로마 ▶ 4,200만 €

ALEX OXLADE-CHAMBERLAIN
알렉스 옥슬레이드-체임벌린 아스널 ▶ 3,800만 €

ANDREW ROBERTSON
앤드류 로버트슨 헐 시티 ▶ 900만 €

DOMINIC SOLANKE
도미닉 솔란케 첼시 ▶ 자유이적

VIRGIL VAN DIJK
버질 판 다이크* 사우샘프턴 ▶ 8,465만 €

MAMADOU SAKHO
마마두 사코 크리스탈 팰리스 ▶ 2,820만 €

LUCAS LEIVA
루카스 레이바 라치오 ▶ 570만 €

PHILIPPE COUTINHO
필리페 쿠티뉴* 바르셀로나 ▶ 1,350만 €

*겨울 이적 시장

살라의 영입 당시 구단 내부에서는 이견들이 많았다. 살라가 이탈리아 세리에A 무대에서 압도적인 활약을 펼쳐오긴 했지만, 이전에 첼시 소속으로 프리미어 리그에서는 부진한 시기가 있었기 때문에 영입에 확신을 가지지 못하는 이들도 존재했다. 클롭 감독 또한 살라가 아닌 율리안 브란트, 크리스첸 풀리식, 율리안 드락슬러 등 자신이 분데스리가에서 활약을 직접 지켜본 선수들을 선호하기도 했다. 그럼에도 살라의 영입을 최종 결정한 것은 에드워즈 단장이었다. 데이터를 기반으로 살라가 팀에 필요한 공격수이며 이번에는 프리미어 리그에서 큰 성공을 거두리라는 확신을 클롭 감독에게 심어줬다. 단장의 합리적인 의견을 긍정적인 자세로 수용한 클롭의 리더십도 칭찬을 받을 만했다. 클롭은 자신과 함께 일하는 이들과 가까운 관계를 유지하는 편이었기에 에드워즈 단장과의 대화나 토론 과정은 대부분 부드럽게 진행됐다. 이러한 열린 리더십 덕분에 리버풀은 구상대로 성공적인 팀을 건설할 수 있었던 것이다.

클롭의 리더십은 곧이어 찾아온 예상치 못한 위기에서 더욱 빛을 발했다. 리버풀의 공격 작업에서 창의성을 담당하던 필리페 쿠티뉴가 바르셀로나로 떠나고 싶다며 공식적으로 이적을 요청한 것이다. 비록 살라를 영입하긴 했지만, 아직 새로운 선수가 팀에 적응하기도 전에 기존의 에이스를 내보낼 수는 없는 노릇이었다. 브라질 출신의 쿠티뉴는 가족들이 잉글랜드보다는 스페인에서 더 편하게 생활할 수 있다며 이적을 요청했기에 클롭 감독도 인간적으로 쉽지 않은 결정을 내려야만 했다. 일단 구단에서 잔류를 결정하자 클롭 감독은 쿠티뉴를 챔피언스 리그 경기에도 투입하며 바르셀로나를 상대로 단호한 모습을 보였다 (리버풀 소속으로 출전하면서 시즌 도중 이적하더라도 바르셀로나에서 해당 시즌 챔피언스 리그에는 출전할 수 없게 됐다).

리버풀은 여름 이적 시장에서 끝내 바르셀로나의 이적료를 거절했으나, 전반기에 살라가 적응을 마치자 겨울 이적 시장에서는 옵션 포함 최대 1억 4,200만 파운드의 이적료를 받아들였다. 이 과정에서 클롭은 쿠티뉴가 떠난다고 해서 리버풀에 위기가 찾아오는 게 아니라 단지 한 명의 선수가 이적한 것일 뿐이라는 메시지를 확실하게 전달해 팀의 동요를 최소화하고, 쿠티뉴가 리버풀에서 뛰는 동안 프로답게 집중할 수 있도록 완벽에 가까운 선수단 관리 능력을 선보였다. 쿠티뉴는 2017/18시즌 전반기 리버풀 소속으로 공식 대회 20경기에 나서 20개의 공격 포인트를 기록한 끝에 나쁘지 않은 형태로 이별할 수 있었다. 리버풀 입장에서는 거액의 이적료도 챙기고 선수 또한 좋은 활약을 펼쳤기에 결국 모든 면에서 이득이 된 이적이었다. 과정은 험난했지만 결국에는 클롭의 리더십이 리버풀을 성공으로 이끌었다.

2017
2018

비슷한 결과? 달라진 내용

리버풀이 2017/18시즌 프리미어 리그에서 기록한 승점은 75점. 이전 시즌보다 1점 줄어들었고 순위는 똑같은 4위. 컵 대회에서는 마찬가지로 무관이었다. 결과만 숫자로 놓고 보면 그다지 달라진 게 없어 보이지만, 내용을 살펴보면 완전히 달라진 시즌이었다. 우선 이전 시즌에는 유럽 대회에 참가하지 않고 프리미어 리그에만 집중했지만, 2017/18시즌에는 챔피언스 리그 결승까지 진출하는 성과를 거두면서도 프리미어 리그에서 성적을 유지한 것이었다. 프리미어 리그만 놓고 봐도 내용은 크게 달라져 있었다. 이전 시즌에는 주로 선 수비 후 역습 전술로 맞서는 중하위권 팀들을 상대로 어려움을 겪다가 빅6 팀 간의 맞대결에서 승리하며 4위권 진입에 성공했다면, 2017/18시즌에는 확실히 승리해야 하는 경기에서 여러 차례 대승을 거두며 강호다운 면모를 보여 줬다. 그와 동시에 필요한 포지션마다 젊고 뛰어난 선수들이 등장하며 클롭 감독이 지휘하는 리버풀의 핵심으로 자리매김했기에 결과 면에서 달라진 게 없더라도 내용 면에서는 의미가 큰 시즌이었다고 할 수 있다.

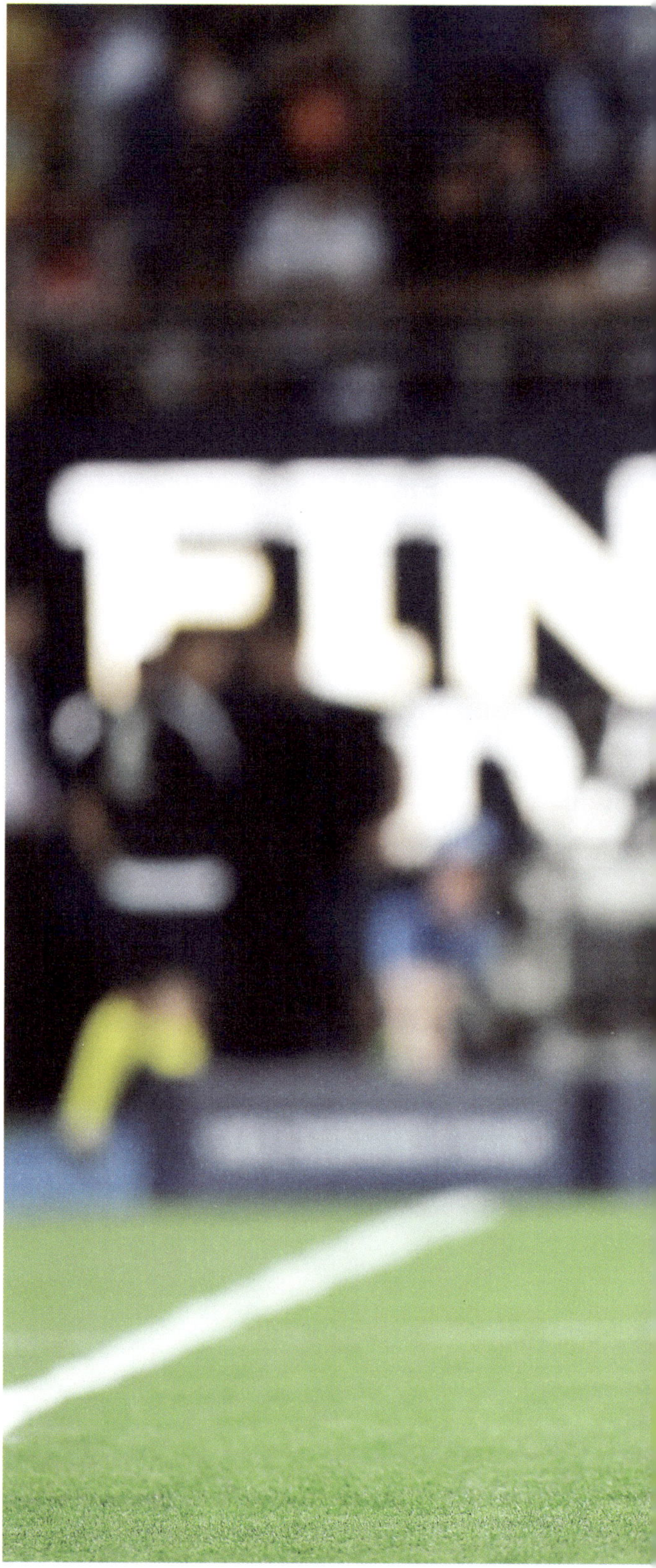

2017  2018

BEST 11

Mohamed
SALAH
모하메드 살라

Roberto
FIRMINO
호베르투 피르미누

Sadio
MANE
사디오 마네

Georginio
WIJNALDUM
조르지뇨 바이날둠

Jordan
HENDERSON
조던 헨더슨

Emre
CAN
엠레 찬

Andrew
ROBERTSON
앤드류 로버트슨

Virgil
VAN DIJK
버질 판 다이크

Dejan
LOVREN
데얀 로브렌

Trent
ALEXANDER-ARNOLD
트렌트 알렉산더-아놀드

Loris
KARIUS
로리스 카리우스

시즌의 출발은 좋지 못했다. 이적을 요구하던 쿠티뉴가 등 부상을 핑계로 빠진 사이 치른 왓포드와의 개막전에서 후반 추가 시간 통한의 동점 골을 내주며 3-3으로 비긴 것이다. 다행히 살라가 빠르게 적응하고 마네가 최고의 활약을 이어 가면서 아스널을 4-0으로 대파하는 등 공격 면에서는 아쉬움이 없었으나, 수비에서는 호펜하임과의 챔피언스 리그 플레이오프 두 경기 모두에서 실점을 허용하며 여름 이적 시장에서 센터백 영입에 실패한 대가를 치르는 것이 아니냐는 우려가 나왔다. 그리고 그 우려는 맨체스터 시티 원정에서의 0-5 대패로 현실이 되고 말았다. 마네가 0-1로 뒤처진 전반 도중 퇴장을 당해 리버풀이 일찌감치 수적 열세에 놓인 것은 사실이었으나, 수비를 제대로 했다면 추가적으로 나온 대량 실점은 막을 수 있는 경기였기 때문에 변명의 여지는 없었다.

리버풀은 이어진 세비야, 스파르타크 모스크바와의 챔피언스 리그 경기와 번리, 레스터 시티, 뉴캐슬과의 프리미어 리그 경기에서도 매번 실점을 허용하며 쉽게 승리를 가져오지 못했다. 마네는 퇴장 징계 이후 햄스트링 부상까지 당하며 전열에서 이탈했고, 쿠티뉴가 돌아와 그 공백을 메웠으나 한동안 리버풀의 전력은 100%라고 할 수 없었다. 맨체스터 유나이티드와의 홈 경기에서는 오랜만의 무실점에 성공했지만, 수비적인 무리뉴 감독의 전술과 다비드 데 헤아 골키퍼의 선방 행진을 넘어서지는 못한 채 0-0 무승부에 만족해야 했다. 이어진 토트넘 원정에서는 수비가 실수를 연발하면서 해리 케인, 손흥민, 델레 알리에게 연달아 실점한 끝에 1-4 대패를 당했다. 선두 맨체스터 시티에 12점 차로 뒤처진 9위까지 밀려난 리버풀은 일찌감치 프리미어 리그 우승 희망을 잃고 말았다.

다행히 토트넘전 최악의 패배를 끝으로 리버풀은 안정을 찾는 데 성공했다. 스포츠에는 공격이 최선의 수비라는 말이 있는데, 리버풀이 이 말을 그대로 보여 줬다. 마네가 부상에서 돌아온 이후 컨디션을 되찾는 동안 공격의 조력자 역할에 집중하고, 쿠티뉴가 공격형 미드필더로서 경기를 지휘하자 리버풀은 상대가 역습을 노리기도 전에 먼저 선제골을 득점하고 경기를 주도하며 그 결과 수비에서도 안정을 찾기 시작했다. 허더스필드 타운, 웨스트햄, 사우샘프턴을 상대로 프리미어 리그 세 경기 연속 세 골 차 승리를 거두는 기염을 토했고 챔피언스 리그에서도 조 1위로 올라서는 데 성공했다.

쿠티뉴와 마네-피르미누-살라의 공격 삼각 편대가 조화를 이루면서 리버풀은 토트넘 원정 패배 이후 프리미어 리그 14경기에서 10승을 거뒀는데 (4무), 그 마지막 경기이자 하이라이트는 바로 맨체스터 시티와의 홈 맞대결이었다. 이는 쿠티뉴가 바르셀로나로 떠난 이후 치른 첫 경기였기에 선수단의 사기에도 매우 중요했다. 중원에서는 옥슬레이드-체임벌린이 쿠티뉴를 대신해 공격 전환에 동력을 불어넣었고, 전방에서부터 강력한 압박으로 상대를 몰아붙이며 실수를 유발한 끝에 후반 14분부터 23분까지 9분 사이에 세 골을 몰아치며 4-1로 앞서 나가는 인상적인 경기력을 선보였다. 결국 리버풀이 맨체스터 시티의 막판 추격을 뿌리치며 4-3 승리를 거뒀는데, 이로써 리버풀은 전반기 맨체스터 시티에 당한 굴욕적인 0-5 패배를 설욕하는 동시에 프리미어 리그 4위권 진입에 확신을 얻게 됐다. 이는 이후 맨체스터 시티와의 챔피언스 리그 8강 맞대결에서도 중요한 의미를 지니게 된 승리였으며, 맨체스터 시티에 시즌 첫 리그 패배를 안기게 된 것은 작은 보너스였다.

후반기의 전환점은 역시나 1월 이적 시장이었다. 쿠티뉴의 이적료로 받은 자금은 수비진의 새로운 리더를 영입하는 데 쓰였다. 사우샘프턴에서 인상적인 활약을 펼쳐 리버풀은 물론이고 맨체스터 시티와 첼시의 관심 또한 받고 있던 버질 판 다이크의 영입을 위해 리버풀은 당시 수비수 역대 최고 이적료인 7,500만 파운드를 아끼지 않았다. 여름 이적 시장에서 영입이 됐더라면 완벽했겠지만, 시즌 도중이라도 반드시 필요한 선수를 데려온 것은 확실한 소득이었다.

리버풀은 2017/18시즌 판 다이크가 출전하지 않은 프리미어 리그 24경기에서 28골을 실점한 반면 (경기당 1.2실점), 판 다이크가 출전한 프리미어 리그 14경기에서는 10골만을 실점하며 (경기당 0.7실점) 시즌 막바지까지 안정적으로 4위 이상의 순위를 유지할 수 있었다.

비록 국내 컵 대회인 FA컵과 리그컵에서는 일찌감치 탈락하고 말았지만, 리버풀은 프리미어 리그에서 필요한 시점에는 반드시 승리를 가져오는 모습으로 순항을 이어 가며 꾸준하게 조직력과 자신감을 쌓아 올렸다. 그리고 이는 챔피언스 리그에서 폭발적인 시너지를 내게 됐다. 리버풀은 조별 라운드에서 1위를 차지하며 16강 진출에 성공했는데, 운이 없게도 상대는 시즌 내내 단 두 번의 패배만을 허용하던 포르투였다. 리버풀로서는 7년 만에 복귀하는 챔피언스 리그 토너먼트라는 긴장되는 경기에서

까다로운 상대를 만나게 된 셈이었다.

그러나 걱정은 기우에 불과했다. 리버풀은 1차전 원정 경기에서 마네 (해트트릭), 피르미누, 살라가 다섯 골을 합작하며 5-0 대승을 거두고 사실상 8강 진출을 확정 지었다. 상대 골키퍼의 실수를 놓치지 않은 마네의 선제골에 이어 전반 30분도 되기 전에 살라가 침착하게 추가골을 터트리자 승부는 일찌감치 기울었다. 홈에서 두 골을 허용한 포르투가 반격에 나서봤지만, 오히려 리버풀의 번개와 같은 역습을 막지 못하며 결국 대량 실점까지 허용했다.

포르투갈에서 달콤한 승리를 거둔 뒤 짧은 훈련 캠프까지 진행하고 돌아온 리버풀은 프리미어 리그에서도 출중한 경기력으로 웨스트햄을 4-1로 완파하며 2위로 올라섰다. 이때부터 리버풀에 '맨체스터 시티의 대항마'라는 수식어가 따라붙기 시작했다. 상대를 강하게 압박해서 득점 기회를 만들어 선제골을 넣고, 이후에는 마네와 살라를 최대한 활용하는 빠른 역습으로 점수 차이를 벌리는 경기 내용이

리버풀의 스타일로 정착되고 있었다. 토트넘 원정에서 수모를 당한 지 약 4개월 만의 일이었다. 비록 곧이어 맨체스터 유나이티드 원정에서 패하며 프리미어 리그 2위 자리를 다시 빼앗기기는 했지만, 이미 꾸준하게 승점을 쌓는 법을 익힌 리버풀은 결코 4위권 밖으로 밀려나지 않았다. 이제 중하위권 팀들은 리버풀에 까다로운 상대가 아니라 대량 득점의 먹이감이 되어 있었다.

그리고 찾아온 챔피언스 리그 8강, 맨체스터 시티와의 운명적인 만남이 기다리고 있었다. 프리미어 리그에서는 맨체스터 시티가 리버풀에 크게 앞서 압도적인 선두를 달리고 있었으나, 두 팀의 맞대결에서는 각각 1승씩을 거뒀기 때문에 쉽사리 예측하기 어려운 승부였다. 게다가 맨체스터 시티는 아직 챔피언스 리그 우승이 없던 상태라 어느 때보다 전력을 다할 수밖에 없었기에 리버풀로서는 쉽지 않은 경기가 될 게 분명했다.

안필드에서 열린 1차전, 결과는 리버풀의 압승이었다. 프리미어 리그 홈 맞대결 때와 마찬가지로 리버풀은

1차전 대승에도 방심은 금물이었다. 2차전은 원정에서 치르는 데다가 맨체스터 시티의 공격력이라면 세 골 차를 추격당하는 것도 충분히 가능한 일이었다. 실제로 리버풀은 경기 시작 2분 만에 가브리엘 제수스에게 추격 골을 내주며 위기에 빠졌다. 당황한 리버풀 선수들은 뒷걸음질을 칠 수밖에 없었고, 맨체스터 시티는 공격을 거듭하며 리버풀의 골대를 맞히고 끝내 골망까지 흔들었으나 오프사이드 반칙으로 득점이 인정되지 않아 한 골 추격에 만족한 채 전반을 마쳐야 했다.

위기 상황에서 가장 침착한 인물은 역시 클롭 감독이었다. 클롭은 리버풀 수비수들에게 겁을 먹고 뒤로 물러나는 것이 오히려 상대가 편안하게 공격적인 패스를 시도할 수 있도록 공간을 내주는 원인이라고 지적하며 1차전처럼 자신 있게 전진해서 침착하게 경기를 풀어 가면 된다고 주문했다. 이 지시를 받은 리버풀 선수들은 후반 들어 날카로운 역습을 선보이기 시작했고, 결국 후반 11분에 살라가 동점 골을 터트리며 맨체스터 시티의 사기를 완전히 꺾어 버렸다. 그리고 32분에는 피르미누가 전방 압박으로 상대 수비수 니콜라스 오타멘디의 패스를 빼앗은 뒤 그대로 공을 몰고 들어가 침착한 마무리로 역전을 이뤄 냈다. 1, 2차전 모두 리버풀이 완승을 거두며 챔피언스 리그 준결승에 진출하게 됐다.

준결승 상대는 살라가 직전 시즌까지 몸담았던 AS 로마였다. 로마는 8강 1차전 바르셀로나 원정에서 1-4로 패하고도 2차전 홈 경기에서 3-0 승리를 거두며 원정 다득점 우선 원칙으로 극적인 준결승 진출을 이뤄 내 자신감이 하늘을 찌르고 있었다. 그런데도 살라는 자신을 잘 아는 전 소속 팀을 상대로 막을 수 없는 수준의 활약을 선보였다. 홈에서 치른 1차전 후반 16분까지 홀로 2골 2도움에 관여하며 단 61분 만에 준결승의 승부를 끝내 버린 것이다. 자신 있게 리버풀과 맞불을 놓으려 했던 로마는 살라가 임무를 200% 완수하고 교체되어 나간 이후에나 두 골을 만회할 수 있었다. 리버풀은 로마에 추격의 빌미를 주고, 이 경기 초반 미드필더 옥슬레이드-체임벌린을 무릎 인대 부상으로 잃는 등 나름의 타격을 입기도 했다.

2차전 원정에서는 전반 25분 만에 2-1로 앞서 나가며 합산 스코어 7-3을 만들었고, 다섯 골을 내리 실점하지 않는 이상 결승에 진출하는 상황을 만들 수 있었다. 로마가 후반 들어 세 골을 쫓아오는 저력을 발휘했으나, 한 골 차로 추격하는 골이 나온 것은 후반 추가 시간도 다

맨시티를 거세게 몰아붙여 전반에만 세 골 차의 리드를 잡았다. 클롭 감독의 트레이드 마크인 게겐프레싱의 정석을 보여 주는 골들이 터졌다. 전반 12분 피르미누가 상대 페널티 지역 안까지 공격해 들어간 뒤 슈팅한 공이 골키퍼 선방에 막혀 튕겨 나왔고, 상대 수비가 이를 처리하려 하자 피르미누가 곧바로 압박을 가해 살라에게로 공을 연결했다. 살라는 실수 없이 침착한 슈팅으로 선제골을 만들었다. 곧이어 20분에는 리버풀의 공격 작업이 막혀 상대가 역습을 시도하려던 찰나에 제임스 밀너가 빠르게 올라와 강한 압박으로 패스를 끊었고, 이를 이어받은 옥슬레이드-체임벌린이 호쾌한 중거리 슈팅으로 두 번째 골을 터트렸다. 그리고 31분 살라의 크로스를 마네가 헤더로 연결하며 3-0으로 일찌감치 승부를 갈랐다. 후반에는 수비에만 집중하며 세 골 차 리드를 관리한 끝에 그대로 경기를 마무리할 수 있었다. 이 경기에서 리버풀은 맨체스터 시티에 단 하나의 유효슈팅도 허용하지 않는 굴욕을 선사했다.

지난 페널티킥 상황이었기에 리버풀은 안심하고 결승 진출의 기쁨을 만끽할 수 있었다. 다만, 리버풀이 아무리 유리한 입장이었더라도 지나치게 자신감 넘치는 공격 시도로 인해 위기를 자초했던 점에 대해서는 비판의 목소리도 나왔다. 마네, 피르미누, 살라의 공격 삼각 편대가 어떤 상황에서도 골을 만들어 낼 수 있을 것 같았지만 결승 상대는 어디까지나 유럽 최고의 명문이자 당시 최고의 득점 감각을 자랑하고 있던 크리스티아누 호날두를 보유한 레알 마드리드였기에 리버풀은 날카로운 집중력을 유지해야 했다.

리버풀은 프리미어 리그 최종 라운드에서 브라이튼에 기분 좋은 4-0 대승을 거두고 다음 시즌 챔피언스 리그 진출권을 확보할 수 있었다. 리버풀이 두 시즌 연속으로 유럽 최고 대회에 참가하는 것은 2009년 이후 처음이었다. 클롭 감독은 유로파 리그에 머물러 있던 팀을 맡아 3년 만에 챔피언스 리그에 연달아 진출하는 것은 물론이고 우승까지 넘보는 팀을 건설하는 데 성공했다. 이제 남은 목표는 우승 트로피를 손에 넣는 것뿐이었다. 그렇지만 챔피언스 리그 결승이라는 최고의 무대에서 운명이 야속하게도 승리의 여신은 리버풀을 외면했다. 살라가 전반 30분 만에 상대 수비수 세르히오 라모스와 엉켜 넘어지는 과정에서 어깨 부상을 당해 교체되어 나오는 불운한 사태가 벌어지고 말았다. 살라는 아쉬움에 눈물을 감추지 못했고, 시즌 44골을 터트린 공격의 핵심을 잃은 리버풀은 좋지 않은 분위기 속에 전반을 0-0으로 마쳤다. 그리고 후반 6분, 로리스 카리우스 골키퍼가 바로 옆에 있던 상대 공격수 카림 벤제마를 제대로 보지 않은 채 동료에게 손으로 공을 던져 주려던 것이 화근이 됐다. 벤제마의 재빠른 압박에 공은 벤제마의 발을 맞고 그대로 리버풀의 골문 안으로 굴러 들어가 레알 마드리드에 리드를 안겼다.

리버풀은 곧 이은 코너킥 상황에서 데얀 로브렌의 헤더를 골문 바로 앞에서 마네가 몸을 날려 방향을 바꾸며 동점 골을 터트린 저력을 보여 줬지만, 리버풀은 살라가 교체되어

나간 반면 레알 마드리드는 가레스 베일이 교체되어 들어와 승부를 가르며 선수단의 차이를 보여 줬다. 베일은 후반 19분 왼쪽 측면에서 날아온 마르셀루의 크로스를 감각적인 오버헤드킥 슈팅으로 연결해 리버풀의 골망을 흔들었다. 워낙 예상하기 어려웠던 고난도의 슈팅이 높은 궤적으로 날아왔기 때문에 카리우스 골키퍼가 뒤늦게 몸을 날렸지만 막을 수가 없었다.

문제는 카리우스의 수난이 거기서 끝나지 않았다는 것이다. 리버풀은 경기 막바지까지 추격을 포기하지 않고 있었는데, 후반 38분 먼 거리에서 정면으로 날아온 베일의 중거리 슈팅을 카리우스 골키퍼가 잡으려다가 놓치며 공이 그대로 골문 안으로 들어가고 말았다. 더는 전의도 시간도 남아 있지 않았던 리버풀은 1-3 패배라는 결과를 받아들이고 레알 마드리드의 챔피언스 리그 3연속 우승을 지켜볼 수밖에 없었다. 클롭 감독은 경기가 끝난 뒤 고개를 떨구고 슬퍼하는 선수들에게 "울지 마라. (도르트문트 시절을 포함해) 여섯 번이나 결승에서 진 내 기분은 어떻겠냐."라는 농담을 건네 분위기를 전환하고는 "우리에겐 챔피언스 리그에서 우승할 기회가 또 올 거다."라고 다독였다. 클롭 감독은 리버풀 부임 첫 시즌 (2015/16) 리그컵과 유로파 리그 준우승에 이어 2017/18시즌 챔피언스 리그에서도 준우승에 머무르며 3연속 결승전 패배라는 쓰라린 결과를 안게 됐다. 그러나 리버풀의 분위기는 결코 암담하지만은 않았다. 그 이유는 바로 클롭 감독의 지도력과 그가 만들어 낸 팀에 대한 믿음이었다. 리버풀이 비록 당장은 우승을 놓쳤지만, 언제라도 다시 우승에 도전할 수 있다는 확신이 생긴 것이다.

리버풀의 유일신 모하메드 살라

클롭 감독이 리버풀을 이끌고 거둔 성공에 대해 살라를 빼놓고 이야기하는 것은 불가능하다. 영입 과정부터가 특별했는데, 살라는 클롭 감독이 직접 선택한 선수가 아니라 리버풀의 전력 강화 팀에서 찾아낸 선수였다. 에드워즈 단장은 데이터를 기반으로 최적의 영입 대상을 찾아 피르미누와 마네를 차례로 데려오며 이미 능력을 입증한 참이었고, 클롭 감독과도 긍정적인 관계를 유지하며 늘 긴밀한 논의를 나눠왔기 때문에 율리안 브란트를 주목하고 있던 클롭의 시선을 살라로 돌리는 설득은 그다지 어렵지 않았다. 그렇게 구성된 마네-피르미누-살라의 공격 삼각 편대는 클롭의 리버풀을 대표하는 아이콘으로 자리를 잡았고, 에드워즈 단장이 10년을 일한 뒤 2022년 사임하기 전까지 리버풀의 선수 영입 작업은 합리적인 동시에 성공적이었다. 살라는 20대 초반 첼시에서 치열했던 주전 경쟁 탓에 제대로 잠재력을 발휘하지 못했던 전력이 있어서 프리미어 리그 팬들은 살라의 영입에 대해 의구심을 가지는 게 당연했다. 그러나 세리에A 무대에서 잠재력을 만개한 살라는 리버풀 입단과 동시에 워낙 압도적인 활약을 펼쳤기 때문에 그때부터는 단 한 번도 의심의 시선을 받은 적이 없는 완벽한 성공작이다.

놀라운 사실은 리버풀 입단 전까지 살라의 공격 포인트 생산 능력이 세계 최고 수준은 아니었다는 점이다. 살라는 어린 시절 측면 수비수 포지션에서 축구를 시작했는데, 그때도 돌파 능력이 뛰어나 공격에 가담해 골을 노리는 플레이를 자주 했다. 공격력이 돋보이자 측면 공격수로 역할을 바꾼 것이 살라의 성장에 결정적인 도움이 됐다. 첼시에 몸담고 있던 20대 초반까지도 돌파력에 비해 골 결정력은 부족했으나, 피오렌티나와 로마를 거치며 이탈리아 세리에A 무대에서 섬세한 마무리 능력을 갖추게 되면서 점차 많은 골을 넣기 시작했다.

기폭제가 된 것은 클롭 감독과의 만남이다. 클롭의 전술에서 측면 공격수는 사이드 라인에 가까이 서 있는 게 아니라 적어도 하프 스페이스에서 중앙을 넘나들며 상대 골문 근처에서 공격을 마무리하는 역할에 집중할 수 있다. 리버풀이 공격에서 수비로 전환할 때는 압박을 시작하는 선수가 중앙에 있는 피르미누이기 때문에 포메이션상 피르미누를 최전방 공격수로 볼 수 있지만, 수비에서 공격으로 전환할 때 중앙 가장 높은 지점에 서 있는 선수는 피르미누가 아닌 살라가 된다.

MOHAMED SALAH

프리미어 리그 선수 협회 선정 올해의 선수 *2017/18, 2021/22*
잉글랜드 축구 기자 협회 선정 올해의 선수 *2017/18, 2021/22*
프리미어 리그 올해의 선수 *2017/18*
프리미어 리그 득점왕 *2017/18, 2018/19*공동, 2021/22*공동*
프리미어 리그 도움왕 *2021/22*
프리미어 리그 선수 협회 선정 올해의 팀 *2017/18, 2020/21, 2021/22*
챔피언스 리그 올해의 팀 *2017/18*
푸스카스 어워드 *2018*

2017/18 - 2023/24 프리미어 리그 최다 공격 포인트 TOP 10

221
모하메드 살라 *221=154골 67도움 247경기*

169
해리 케인 *169=135골 34도움 204경기*

155
손흥민 *155=101골 54도움 236경기*

137
케빈 더 브라위너 *137=55골 82도움 192경기*

131
라힘 스털링 *131=90골 41도움 217경기*

119
제이미 바디 *119=94골 25도움 202경기*

109
마커스 래시포드 *109=73골 36도움 227경기*

101
사디오 마네 *101=77골 24도움 169경기*

101
가브리엘 제주스 *101=66골 35도움 199경기*

99
리야드 마레즈 *99=55골 44도움 181경기*

프리미어 리그 역대 최다 공격 포인트 TOP 10

324	=	260골	64도움	441경기
311	=	208	103	491
279	=	177	102	609
271	=	109	162	632
260	=	187	73	414
259	=	213	46	320
249	=	175	74	258
231	=	184	47	275
224	**=**	**156골**	**68도움**	**260경기**
221	=	146	75	418

게겐프레싱과 빠른 역습이 특징인 클롭 감독의 전술에서 살라에게 많은 득점 기회가 오는 건 당연한 결과다. 또한, 상대의 밀집 수비를 공략할 때도 피르미누가 수비수를 끌어내는 움직임으로 공간을 만들면 그곳으로 살라가 파고들어 가서 마무리를 짓는 것이 리버풀의 공격 패턴이다. 왼발잡이인 살라로서는 오른쪽 하프 스페이스에서 저돌적으로 상대 골문을 향해 달려들며 플레이를 할 수 있기 때문에 골을 넣기에는 최적의 포지션에 있는 셈이다.

25세, 전성기를 시작하는 나이에 리버풀에 입단한 살라는 곧바로 프리미어 리그는 물론이고 전 세계에서도 최고 수준의 선수가 됐다. 데뷔 시즌 살라만큼의 임팩트를 보여 준 선수는 리버풀 역사에 없었다. 데뷔전에서부터 왓포드를 상대로 골을 터트리기 시작해 챔피언스 리그 결승까지 리버풀을 이끌면서 살라는 2017/18시즌 공식 대회 52경기에서 44골 15도움을 기록했다. 44골은 리버풀 역사상 한 시즌 최다 득점 2위에 해당하는 기록이며 (1위는 이언 러시의 1983/84시즌 65경기 47골), 프리미어

ALAN SHEARER 앨런 시어러
WAYNE ROONEY 웨인 루니
FRANK LAMPARD 프랭크 램파드
RYAN GIGGS 라이언 긱스
ANDREW COLE 앤드류 콜
HARRY KANE 해리 케인
THIERRY HENRY 티에리 앙리
SERGIO AGUERO 세르히오 아구에로
MOHAMED SALAH 모하메드 살라
TEDDY SHERINGHAM 테디 셰링엄

리그에서 넣은 32골은 당시 한 시즌 (38경기 기준) 대회 최다 득점 신기록이었다.

역사에 만약은 없다지만 만일 살라가 챔피언스 리그 결승전에서 부상을 당하지 않고 활약하며 리버풀에 우승을 안겼다면 루카 모드리치를 제치고 발롱도르 수상까지도 충분히 노릴 수 있었을 것으로 보인다. 결과적으로 살라는 2018 발롱도르 최종 순위 6위를 기록했고, 이후로도 발롱도르를 받지 못했다는 사실은 큰 아쉬움으로 남는다. 데뷔 시즌 역대급 임팩트를 남긴 살라는 이후로도 꾸준한 활약을 펼치며 매 시즌 30개 이상의 공격 포인트를 만들어 냈다. 뛰어난 기술이 살라의 가장 큰 장점이긴 하지만, 어떤 상황에서도 집요하게 골을 노리는 정신력 또한 상대에게는 공포의 대상이다. 살라에게 조금이라도 틈을 허용하면 어떻게든 비집고 들어와서 골을 노리기 때문에 한 순간도 방심할 수가 없다.

살라는 말 그대로 무에서 유를 창조할 수 있는 선수다. 2018년 푸스카스 상을 받은 에버턴전의 골 장면이 대표적인 예시다. 살라가 상대 페널티 지역 오른쪽에서 골문을 등진 채로 패스를 받았을 때는 박스 안과 주변에 에버턴 수비가 일곱 명이나 되기 때문에 크게 위협적인 상황은 아니었다. 그런데 살라는 상대 수비 한 명이 다가와 가까이 붙는 순간 몸싸움을 이겨 낸 뒤 순식간에 또 한 명의 수비를 따돌렸고, 순간적으로 약간의 공간이 생기자 지체 없이 특유의 왼발 감아차기 슈팅으로 골망을 흔들었다. 공은 반대편 옆쪽 골망을 향해 바깥쪽으로 휘어 들어갔기 때문에 골키퍼도 도저히 막을 수가 없는 궤적이었. 이렇게 번뜩이는 플레이 덕분에 살라는 경기 내내 평소보다 좋지 않은 모습을 보일 때마저도 어떻게든 골을 터트리며 리버풀에 승리를 안길 수 있었다.

경험을 쌓아 갈수록 원숙해지며 동료를 활용하는 능력 또한 발전해 갔다. 그 결과 살라는 프리미어 리그에서 득점왕은 물론이고 도움왕도 차지할 수 있었다. 살라가 리버풀에서 뛰는 동안 그는 분명 경쟁자조차 없는 프리미어 리그 최고의 선수였다.

리버풀을 완성한 세계 최고 수비수 버질 판 다이크

2018년 1월, 리버풀의 판 다이크 영입은 프리미어 리그는 물론이고 유럽 축구의 판도를 바꾸는 이적이 됐다고 해도 과언이 아니다. 우선은 7,500만 파운드라는 이적료부터가 놀라웠다. 이는 당시 수비수 역대 최고 이적료이던 벤자민 멘디의 5,200만 파운드(모나코 – 맨체스터 시티 이적)를 훌쩍 뛰어넘는 금액이었다. 사실 리버풀은 2017년 여름 6천만 파운드에 판 다이크를 영입하려 했지만, 구단 간의 협상에 앞서 선수에게 먼저 접촉했다는 사우샘프턴의 항의 때문에 반년을 더 기다려 1,500만 파운드 더 비싼 이적료를 지급해야 했다.

이전까지는 경쟁 팀들에 비해 눈에 띄게 적은 이적료를 투자해 오던 리버풀이지만, 판 다이크 영입에 있어서만큼은 맨체스터 시티나 첼시와의 경쟁에서 승리하기 위해 엄청난 이적료 지출을 감행했다. 판 다이크는 2023/24시즌까지도 리버풀의 역대 최고 이적료 영입 2위로 남아 있다. 이 때문에 판 다이크 영입에 대해서는 갑론을박도 많았다. 체감상 무제한의 자금을 갖고 있는 것 같던 맨체스터 시티조차 비싸다고 생각하는 이적료를 리버풀이 내놓자 과연 판 다이크가 그만한 가치가 있는 선수인가에 대해 의문이 따라붙는 것은 어쩔 수 없는 일이었다.

그러나 그 의문이 확신으로 바뀌는 데는 채 6개월도 걸리지 않았다. 2017/18시즌 전반기 내내 수비에서 문제를 노출했던 리버풀은 후반기 들어 완전히 달라진 모습을 보였다. 프리미어 리그에서 경기당 실점이 1.2골에서 0.7골로 크게 줄어든 것은 물론이고, 챔피언스 리그에서는 결승에 오를 때까지 합산 스코어에서 단 1분도 상대에게 리드를 허용한 적이 없었다. 이러한 활약 덕분에 판 다이크는 조별 리그에서 한 경기도 출전하지 않고 토너먼트 일곱 경기만으로 챔피언스 리그 올해의 스쿼드에 포함되는 기염을 토했다.

판 다이크는 리버풀 입단 이후 꾸준하게 세계 최고의 수비수라는 평가를 받아왔다. 195cm의 큰 키를 활용한 공중 경합 능력은 물론이고 빠른 스피드로 공간을 커버하거나 수비진을 리드하고, 심지어는 전방으로 패스를 공급하는 능력까지 현대 축구의 센터백에게 요구되는 모든 장점을 갖추고 있는 선수가 바로 판 다이크다. 이는 특히나 팀 전체의 전진을 강조하는 클롭 감독의 전술에서 더욱 빛을 발하는데, 상대가 리버풀의 뒤쪽 공간을 활용해 빠르게 역습을 노리더라도 판 다이크가 이를 공중에서든

VIRGIL VAN DIJK

프리미어 리그 올해의 선수 2018/19
프리미어 리그 선수 협회 선정 올해의 선수 2018/19
프리미어 리그 선수 협회 선정 올해의 팀 2018/19, 2019/20, 2021/22
UEFA 올해의 남자 선수 2018/19
챔피언스 리그 올해의 수비수 2018/19
UEFA 올해의 팀 2018, 2019, 2020
챔피언스 리그 올해의 팀 2021/22
FIFPRO 월드 베스트 11 2019, 2020, 2022

리버풀 영입 역대 최고 이적료 TOP 10

85,000,000
다르윈 누녜스 벤피카 ▶ 8,500만 €

84,650,000
버질 판 다이크 사우샘프턴 ▶ 8,465만 €

70,000,000
도미니크 소보슬라이 RB 라이프치히 ▶ 7,000만 €

62,500,000
알리송 베케르 AS 로마 ▶ 6,250만 €

60,000,000
나비 케이타 RB 라이프치히 ▶ 6,000만 €

47,000,000
루이스 디아스 포르투 ▶ 4,700만 €

46,500,000
크리스티앙 벤테케 아스톤 빌라 ▶ 4,650만 €

45,000,000
파비뉴 모나코 ▶ 4,500만 €

44,700,000
디오구 조타 울버햄튼 ▶ 4,470만 €

42,000,000
모하메드 살라, 코디 학포 ▶ 4,200만 €
알렉시스 매칼리스터

수비수 역대 최고 이적료 TOP 10

€ 90,000,000
87,000,000
85,500,000
84,650,000
80,400,000
80,000,000
71,600,000
68,000,000
67,000,000
65,300,000

지상에서든 쉽게 제압할 수 있기 때문에 판 다이크의 가세가 리버풀 축구를 완성시켰다고까지 할 수 있다. 하지만 판 다이크가 일찍부터 최고 수준의 잠재력을 보인 것은 아니었다. 어린 시절에는 측면 수비수로 축구를 시작했지만 스피드도 빠르지 않고 몸싸움도 강하지 않아 프로 선수가 되기에는 경쟁력이 부족하다는 평가를 받았다. 그러던 17세 때 1년 사이에 키가 18cm나 자라면서 센터백으로 포지션을 변경한 뒤로 훨씬 많은 기회가 찾아왔다.
토털 축구의 본고장인 네덜란드 선수답게 경기 경험을 쌓으면서 가장 먼저 발전하기 시작한 부분은 바로 위치 선정 능력이었다. 팀 전체가 하나의 유기체처럼 움직여야 하기 때문에 판 다이크는 프로 데뷔 직후부터 최후방

요슈코 그바르디올
RB 라이프치히 ▶ 맨체스터 시티 9,000만 €

해리 매과이어
레스터 시티 ▶ 맨체스터 유나이티드 8,700만 €

마티스 더 리흐트
아약스 ▶ 유벤투스 8,550만 €

버질 판 다이크
사우샘프턴 ▶ 리버풀 8,465만 €

웨슬리 포파나
레스터 시티 ▶ 첼시 8,040만 €

뤼카 에르난데스
아틀레티코 마드리드 ▶ 바이에른 뮌헨 8,000만 €

후벤 디아스
벤피카 ▶ 맨체스터 시티 7,160만 €

아슈라프 하키미
인테르 ▶ 파리 생제르맹 6,800만 €

마티스 더 리흐트
유벤투스 ▶ 바이에른 뮌헨 6,700만 €

마크 쿠쿠렐라
브라이튼 앤 호브 알비온 ▶ 첼시 6,530만

수비수로서 수비 라인을 지휘하고 동료들과의 간격을 유지하는 데 신경을 써야 했다. 한발 빠르게 움직여서 위험을 차단하려면 상대의 다음 플레이를 예측해야 하기 때문에 경기 흐름을 읽는 능력도 발전했다. 네덜란드의 흐로닝언에서 2년간 활약한 뒤 2013년 입단한 스코틀랜드 명문 셀틱에서 바로 오늘날 판 다이크의 모습이 갖춰지기 시작했다. 셀틱은 리그 최강 팀이었기 때문에 경기를 주도하는 경우가 대부분이었고, 판 다이크는 이때부터 넓은 수비 공간을 커버해야 하는 임무에 익숙해졌다. 또한, 네덜란드 대표팀을 지휘하던 루이 판 할 감독이 판 다이크에게 전진 수비의 중요성을 강조하면서 기존에 해 오던 것보다도 한 박자 더 빠르게 앞으로 나아가 상대를 압박해서 위험을 차단해야 한다고 조언했다. 판 다이크는 2014년 당시 이 조언을 듣고 발전을 거듭해 1년 뒤에는 네덜란드 대표팀에 발탁될 수 있었다. 그리고 새로이 이적한 사우샘프턴에서도 또 다른 네덜란드 감독 로날드 쿠먼의 지도를 받으며 현대 축구에 이상적인 센터백으로서 활약을 이어 갔다. 판 다이크가 이러한 발전 과정들을 거쳤기에 클롭 감독은 그를 완벽한 영입 대상으로 생각했고, 다른 선택지는 배제한 채 구단에 판 다이크의 영입에만 전력을 다해 달라고 요구할 수 있었다. 그 결과 리버풀이 당시 역대 최고 이적료를 지출하며 영입한 주인공은 팀에 챔피언스 리그 우승과 프리미어 리그 우승을 차례로 안기며 구단의 위상을 드높이고 리버풀의 선택이 옳았다는 것을 증명했다.

마침내 과감한 투자, 우승을 노린다 2018/19시즌 이적 시장

2017/18시즌 챔피언스 리그 결승 진출이라는 성과를 통해 리버풀은 클롭 감독과 함께 어느 대회에서든 우승을 노릴 수 있는 전력을 갖췄다는 걸 증명했다. 이제 팀의 기틀은 완성됐으니 남은 목표는 아직 남아 있는 약점을 보완하고, 여러 대회를 동시에 소화하며 안정적으로 시즌을 치를 수 있도록 선수층을 두껍게 하는 것이었다. 그동안 경쟁 팀들과 비교해 이적 시장에서 지출을 거의 하지 않던 리버풀은 2018년 여름 이적 시장에 돌입하며 완전히 달라진 모습을 보였다.

첫 영입은 미드필더 나비 케이타였다. 케이타는 이미 1년 전부터 리버풀 이적이 확정돼 있던 선수였는데, 리버풀이 케이타의 바이 아웃인 4,800만 파운드의 이적료를 충족하는 제안을 했고 선수와도 2018/19시즌을 앞두고 합류하기로 합의를 해 둔 상태였다. 케이타는 경기장 곳곳을 빠르게 누비는 미드필더로, 패스와 득점 능력도 갖추고 있어 이전 시즌 막바지 부상으로 쓰러진 알렉스 옥슬레이드-체임벌린을 대체하고 장기적인 경쟁자가 될 수 있는 자원이었다.

두 번째 영입 또한 미드필더였는데, 수비형 미드필더부터 측면 수비까지 커버할 수 있는 다재다능한 자원 파비뉴가 모나코로부터 영입됐다. 리버풀과 계약 기간을 마치고 떠나는 엠레 찬의 직접적인 대체자이지만, 필요에 따라서는 수비진 구성에도 도움을 줄 수 있는 젊은 선수였기에 영리한 영입이라는 찬사가 나왔다. 파비뉴는 2016/17시즌 당시 모나코가 프랑스 리그1 우승을 차지하고 챔피언스 리그에서 준결승까지 진출하는 성공을 거둘 당시의 핵심 멤버 중 한 명이었기 때문에 일찌감치 여러 빅 클럽의 관심을 받을 만큼 실력이 입증된 미드필더였다.

세 번째 영입은 측면 공격수 제르당 샤키리였다. 스위스, 독일, 이탈리아 무대를 두루 경험했고 잉글랜드 프리미어 리그에서도 이미 준수한 활약을 보여 준 선수였기 때문에 리버풀은 공격진의 백업 자원으로 충분한 확신을 가지고 샤키리의 바이 아웃인 1,350만 파운드를 충족했다. 기본적으로 킥 능력이 좋고 시야가 넓은 데다 신체적으로도 강한 선수라서 공격 2선 어느 위치에 투입하더라도 기복 없는 활약을 기대할 만했다.

마지막 영입이자 가장 중요한 영입은 바로 골키퍼 포지션이었다. 이전 시즌 클롭 감독은 로리스 카리우스와 시몽 미뇰레에게 고루 기회를 주며 경쟁을 유도했으나, 결국 두 선수 모두 기대를 충족하지는 못했고 카리우스는 챔피언스 리그 결승전에서의 충격적인 실책으로 리버풀에 아픈 기억을 안기고 말았다. 따라서 리버풀의 전력에 걸맞은 세계 최고 수준의 골키퍼 영입은 필수였다. 이에 리버풀은 당시 골키퍼 역대 최고 이적료이던 6,250만 유로에 로마로부터 알리송 베케르를 영입했다. 로마는 1년 전 살라를 너무 낮은 이적료에 리버풀로 보냈다는 생각에 강경한 태도로 알리송의 이적 협상에 임했지만, 리버풀은 기꺼이 로마의 요구에 응하며 알리송을 데려왔다. 알리송은 선방 능력도 물론 뛰어나지만 넓은 수비 범위를 커버할 수 있고 패스 또한 정확한 골키퍼였기에 팀 전체의 전진 압박을 중시하는 클롭 감독에게는 이상적인 골키퍼였다.

2018년 여름 이적 시장에서 리버풀은 옵션 제외 순지출 1억 6,670만 유로를 기록하며 프리미어 리그 최고의 큰손이 됐다. 순지출이 두 번째로 많았던 첼시(1억 200만 유로)보다도 1.5배 이상 많을 정도였다. 지출의 규모가 달라졌으니 시즌의 결과도 달라져야 했다. 이제는 두 손으로 우승 트로피를 들어 올려야 할 때였다.

2018&2019 인 앤 아웃 IN&OUT

IN

ALISSON **BECKER**
알리송 베케르 AS 로마 ▶ 6,250만 €

NABY **KEITA**
나비 케이타 RB 라이프치히 ▶ 6,000만 €

FABINHO
파비뉴 모나코 ▶ 4,500만 €

XHERDAN **SHAQIRI**
제르당 샤키리 스토크 시티 ▶ 1,470만 €

DOMINIC **SOLANKE**
도미니크 솔란케 본머스 ▶ 2,120만 €

DANNY **WARD**
대니 워드 레스터 시티 ▶ 1,400만 €

RAGNAR **KLAVAN**
라그나르 클라반 칼리아리 ▶ 150만 €

EMRE **CAN**
엠레 찬 유벤투스 ▶ 자유 이적

OUT

2018 2019

유럽 최고의 팀이 되다

개막을 앞둔 시점부터 리버풀에 대한 기대는 엄청났다. 이전 시즌 맨체스터 시티에 승점이 25점이나 뒤처진 4위를 기록하긴 했지만, 챔피언스 리그 토너먼트 맞대결에서 압도적인 승리를 거뒀던 모습도 있고 전력 보강 또한 가장 많이 했기 때문에 리버풀이 프리미어 리그에서도 맨체스터 시티를 넘어설 수 있지 않겠냐는 전망이 이어졌다. 클롭 감독은 리버풀이 어디까지나 도전자의 입장이라는 걸 강조하며 기대가 큰 만큼 힘든 시즌이 될 거라고 경고했다.

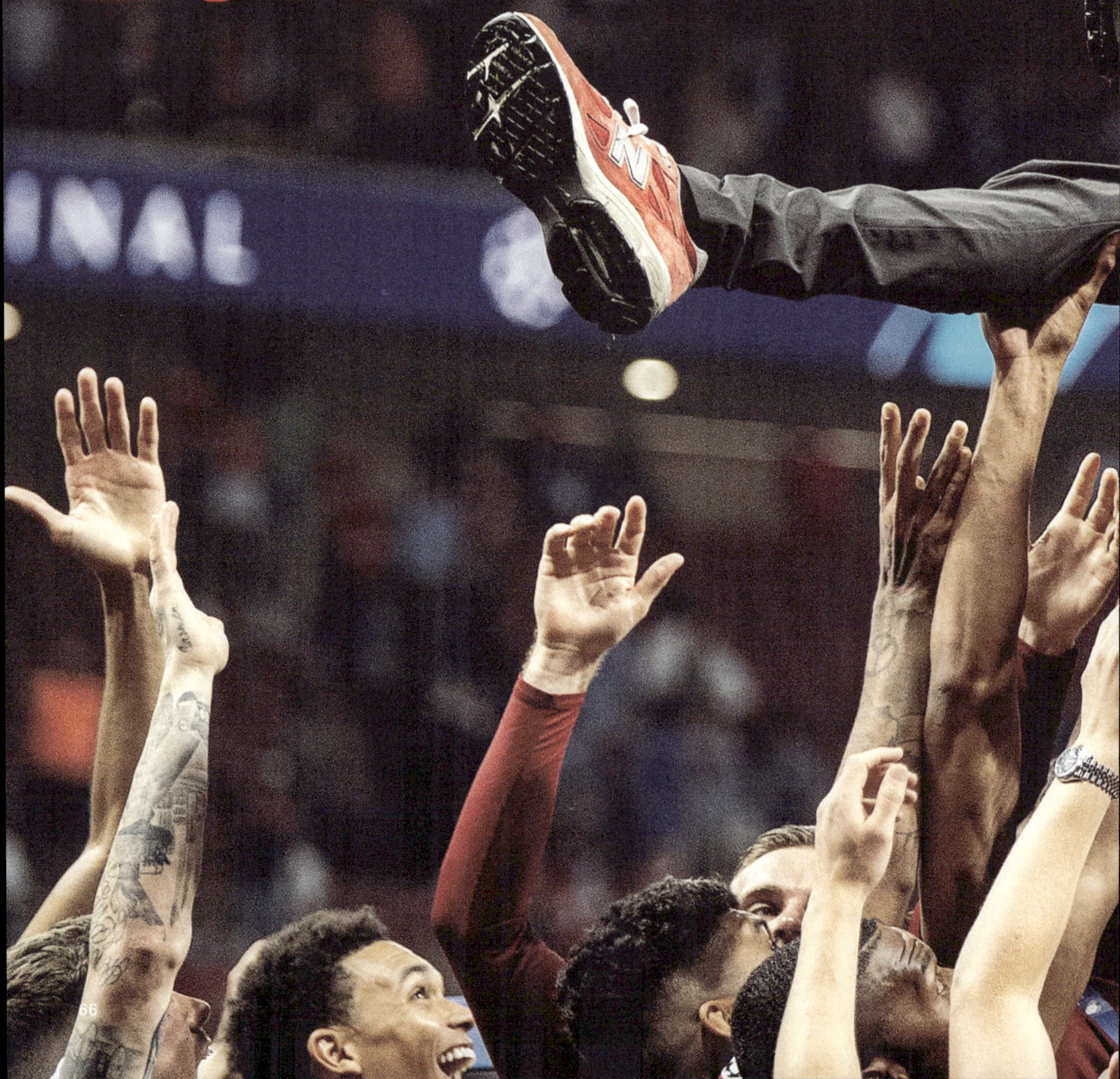

2018 2019

LIVERPOOL FOOTBALL CLUB
EST·1892

BEST 11

Sadio
MANE
사디오 마네

Roberto
FIRMINO
호베르투 피르미누

Mohamed
SALAH
모하메드 살라

Georginio
WIJNALDUM
조르지뇨 바이날둠

James
MILNER
제임스 밀너

Jordan
HENDERSON
조던 헨더슨

Andrew
ROBERTSON
앤드류 로버트슨

Virgil
VAN DIJK
버질 판 다이크

Joel
MATIP
조엘 마팁

Trent
ALEXANDER-ARNOLD
트렌트 알렉산더-아놀드

Alisson
BECKER
알리송 베케르

웨스트햄과의 개막전은 최고의 출발이 됐다. 모하메드 살라, 사디오 마네(2골), 다니엘 스터리지가 연달아 골을 터트리며 4-0 대승을 거두고 선두 자리에서 시즌을 시작하게 된 것이다. 이어진 크리스탈 팰리스, 브라이튼, 레스터 시티, 토트넘과의 경기에서도 계속해서 승리를 거두자 잉글랜드 언론들은 일찍부터 리버풀을 우승 후보로 거론하기 시작했다. 특히나 한동안 고전하던 토트넘 원정에서 거둔 승리는 리버풀이 이전보다 강해졌다는 걸 보여 주는 결과였다. 챔피언스 리그 첫 경기에서도 파리 생제르맹을 3-2로 꺾은 리버풀은 프리미어 리그에서 사우샘프턴을 3-0으로 제압하며 1990년 이후 처음으로 개막 7연승을 거두는 기염을 토했다.

연승 행진은 첼시와의 리그컵 맞대결에서 종료됐다. 스터리지의 선제골을 지키지 못하고 경기 막바지 두 골을 내주며 역전패했지만, 신입 미드필더 파비뉴와 나비 케이타가 준수한 활약을 보여 준 소득도 있었다. 그로부터 3일 뒤에는 프리미어 리그에서 또다시 첼시와 맞대결을 펼쳤는데, 이번에는 에당 아자르에게 선제골을 내줬으나 스터리지가 경기 종료 직전 동점 골을 터트리며 리버풀의 패배를 막아 냈다. 유럽 무대에서도 승리는 나오지 않았는데, 나폴리 원정에서는 단 하나의 유효 슈팅도 기록하지 못한 채 0-1로 완패를 당하고 말았다. 케이타는 이 경기에 선발로 출전했으나 전반 19분 만에 허리 부상으로 교체되어 나와야 했다.

시즌 초반의 좋았던 기세가 다소 꺾인 가운데 프리미어 리그에서는 맨체스터 시티와 결전을 치르게 됐다. 홈에서의 중요한 경기였음에도 리버풀의 공격은 좀처럼 살아나질 못했다. 이전 시즌 압도적인 활약을 펼쳤던 모하메드 살라는 또다시 침묵했고, 경기 종료 직전에는 판 다이크의 반칙으로 페널티킥을 내줘 패배의 위기에 몰렸다가 리야드 마레즈의 실축 덕분에 0-0으로 경기를 마치며 승점 1점은 챙길 수 있었다. 이어진 허더스필드 원정에서도 부진이 이어진 가운데 이 경기에서는 살라가 결승골을 터트리며 1-0 승리를 가져오는 소득이 있었다. 살라가 다시 골을 터트리기 시작하면서 챔피언스 리그에서 레드 스타 베오그라드를, 프리미어 리그에서 카디프 시티를 꺾은 리버풀은 두 대회 모두에서 1위에 오르며 순항을 이어 갈 수 있었다.

진짜 위기는 챔피언스 리그에서 찾아왔다. 홈에서는 4-0으로 손쉽게 제압했던 레드 스타 베오그라드를 상대로 리버풀은 원정에서 0-2로 허무하게 무너지고 말았다. 상대는 홈에서 빗장수비를 자랑하는 팀이었고, 리버풀은 전반에 먼저 두 골을 내준 뒤 후반 들어 점유율 80% 이상을 기록하며 공격을 주도해 봤지만 골대만 두 차례 맞힌 끝에 그대로 패했다. 파리 생제르맹, 나폴리라는 강호들과 함께 죽음의 조에 속한 리버풀이었기에 이 패배는 분명한 타격이었다. 클롭 감독도 챔피언스 리그에서 더는 패해서는 안 된다고 강조했다. 홈에서 2승, 원정에서 2패를 당한 리버풀은 물러설 곳이 없었다.

그러나 파리 생제르맹 원정에서 또 한 번의 패배가 찾아왔다. 수비 실책과 상대 역습으로 먼저 두 골을 내준 리버풀은 티아고 실바와 프레스넬 킴펨베가 버티고 있는 상대 수비진을 공략하지 못했고, 제임스 밀너의 페널티킥 만회 골이 이 경기 리버풀의 유일한 유효 슈팅이었다. 리버풀의 운명은 조별 리그 마지막 경기 나폴리와의 홈 맞대결에 걸려 있었다. 그래도 자력으로 16강 진출 여부를 결정할 수 있는 게 다행이었다.

3위 리버풀과 2위 나폴리의 승점 차이는 3점. 앞서 나폴리와의 맞대결에서 0-1로 패했던 리버풀이 16강에 진출할 수 있는 경우의 수는 두 가지였다. 두 골 차 이상으로 승리를 거두거나 1-0으로 승리를 거두는 것이었다. 안필드에서의 결전이었기에 가능성은 충분했다. 승리가 반드시 필요한 상황에서의 해결사는 역시나 살라였다. 이전 시즌 푸스카스 상을 받았던 골 장면과 비슷하게 오른쪽 측면에서 상대와의 몸싸움을 이겨 내며 페널티 지역 안으로 진입한 살라는 상대 핵심 수비수 칼리두 쿨리발리의 무게중심을 무너트리는 돌파에 이어 각도가 거의 없는 상황에서도 정확한 슈팅으로 리버풀에 귀중한 결승골을 안겼다. 후반 추가 시간에는 나폴리 공격수 아르카디우스 밀리크가 골문 바로 앞에서 득점 기회를 잡기도 했으나, 알리송 골키퍼가 침착하게 각도를 좁히고 나와 이를 막아 내며 리버풀의 승리를 지켜 냈다. 프리미어 리그에서는 연말까지 순항이 계속됐다. 북서부 라이벌 맨체스터 유나이티드와의 홈 경기에서는 상대의 강한 수비 조직력에 어려움을 겪기도 했으나, 교체로 투입된 샤키리가 두 골을 터트리며 리버풀에 3-1 승리를 안겼다. 이어진 울버햄튼, 뉴캐슬과의 경기에서는 연달아 무실점에 멀티 골을 터트리며 승리를 거뒀는데, 파비뉴가 팀에 더 적응한 모습으로 중원에서 경기를 조율하기 시작했고 직접 골과 도움까지 기록했다.

2018년 마지막 경기는 아스널과의 홈 맞대결이었는데, 전반 11분 만에 선제골을 실점하고도 마네-피르미누-살라 트리오가 무시무시한 활약을 펼치며 피르미누의 해트트릭을 앞세워 5-1의 대승을 거뒀다. 이로써 리버풀은 2018년 한 해 홈에서 치른 프리미어 리그 21경기에서 한 번도 패배를 허용하지 않았다. 이 시점에 리버풀은 2위 맨체스터 시티를 7점 차로 따돌리고 여유 있게 선두를 달리고 있었다. 2019년의 첫 경기는 맨체스터 시티 원정이었다. 리버풀은 비기기만 해도 격차를 유지할 수 있었기에 펩 과르디올라 맨체스터 시티 감독은 이 경기가 반드시 승리해야 하는 결승전이라고 강조했다. 압박감이 상당한 맞대결이었기 때문에 두 팀 모두 최고 수준의 경기보다는 투지 넘치는 경기를 펼쳤고, 맨체스터 시티가 리버풀 수비의 틈을 놓치지 않고 두 골을 터트린 끝에 2-1 승리를 가져갔다. 리버풀은 경기 막바지까지 맹공을 퍼부었으나, 맨체스터 시티는 평소의 공격적인 스타일마저 굽히고 수비에 집중해 한 골 차 리드를 지켜 냈다. 이 경기는 결국 2018/19시즌 리버풀이 프리미어 리그에서 당한 유일한, 그리고 다른 어떤 경기보다 쓰라린 패배가 됐다.

곧이어 FA컵에서도 패배가 이어졌다. 울버햄튼과의 3라운드 맞대결에서 클롭 감독은 프리미어 리그 선두 경쟁을 의식해서 대거 로테이션을 가동했으나 라울 히메네스, 디오구 조타, 후벤 네베스 등 주전들을 모두 기용한 울버햄튼에 1-2로 패하고 말았다. 이후 프리미어 리그에서는 브라이튼, 크리스탈 팰리스가 쉽지 않은 경기를 선사했으나 리버풀은 살라의 활약을 앞세워 꾸준하게 승점을 쌓아 갔다. FA컵에서의 조기 탈락으로 리버풀은 프리미어 리그 우승 경쟁에 더욱 집중할 수 있을 듯했다.

2018 / 2019

그러나 현실은 만만하지 않았다. 맨체스터 시티가 놀라운 연승 행진으로 꾸준히 추격해 오는 사이 리버풀은 흔들렸다. 레스터 시티와의 홈 경기에서는 감기에 걸린 판 다이크가 최상의 컨디션을 유지하지 못한 채 동점 골을 내주면서 1-1로 비겼고 웨스트햄 원정에서도 데얀 로브렌, 조던 헨더슨, 조르지뇨 바이날둠이 부상으로 빠지며 평소의 전력을 유지하지 못한 채 1-1로 비겼다. 전반기 내내 철통 같았던 수비는 부상의 영향으로 흔들리기 시작했고, 공격 또한 창의력이 부족한 모습으로 해결책을 찾지 못하고 있었다. 챔피언스리그 16강 1차전 홈 경기에서는 바이에른 뮌헨과 0-0으로 비기며 다시 우승에 도전하겠다던 다짐마저도 위태로워졌다.

리버풀이 프리미어 리그 선두 자리에서 내려오게 된 것은 두 라이벌전에서 0-0 무승부를 거둔 이후였다. 먼저 맨체스터 유나이티드 원정에서는 피르미누가 부상으로 교체되어 나오자 수비에 집중한 상대를 공략하는 데 실패했다. 에버턴 원정에서는 상대 골키퍼 조던 픽포드의 선방과 살라의 아쉬운 마무리로 또다시 골을 만들어 내지 못했다. 이 결과로 리버풀은 시즌 종료까지 아홉 경기를 남겨 둔 시점에서 맨체스터 시티에 승점 1점 차로 뒤처지게 됐다.

그렇지만 실망하고 있을 여유조차 없었다. 곧바로 바이에른 뮌헨과의 챔피언스 리그 16강 2차전 원정 경기가 기다리고 있었다. 두 팀 모두 조심스러운 경기를 펼친 가운데, 리버풀이 마네의 두 골을 앞세워 3-1로 승리하며 8강에 올라 포르투를 상대하게 됐다. 마네의 활약은 후반기 들어 더욱 빛을 발했다. 늘 꾸준한 활약을 펼치는 선수이긴 하지만, 이 시즌에는 프리미어 리그에서 넣은 22골 중 15골을 후반기에 터트렸을

정도다. 그 덕분에 리버풀은 시즌 막바지까지 연승 행진을 이어 가며 프리미어 리그에서 맨체스터 시티를 추격할 수 있었다. 풀럼, 토트넘, 사우샘프턴을 연달아 꺾는 동안 리버풀은 매 경기 경기 종료를 10분도 남겨두지 않은 시점에 결승골을 터트리며 우승을 향한 집념을 보여 줬다.

프리미어 리그에서 늘 살얼음판을 걷고 있다 보니 포르투와의 챔피언스 리그 8강전은 상대적으로 편안하게 느껴질 정도였다. 1차전 홈 경기에서는 전반 30분도 되기 전에 2-0 리드를 잡았고, 이후 알리송 골키퍼의 선방에 힘입어 그대로 두 골 차 리드로 승리를 가져왔다. 2차전 원정에서는 공격적으로 나오는 포르투를 상대로 날카로운 역습 축구를 펼쳐 4-1의 대승을 거뒀다. 준결승 상대는 역대 최고의 선수 리오넬 메시와 과거 리버풀의 에이스 루이스 수아레스, 필리페 쿠티뉴가 뛰고 있는 바르셀로나였다. 원정에서 열린 1차전. 야속하게도 수아레스가 완벽한 공간 침투에 이은 마무리로 전반 26분 바르셀로나에 리드를 안겼다. 리버풀은 곧바로 반격에 나섰으나, 상대 골키퍼 안드레 테어 슈테겐의 선방 행진과 골대 불운에 막혀 동점을 만드는 데는 실패했다. 그리고 후반 들어 메시의 마법이 발휘됐다. 수아레스에게 침투 패스를 찔러 준 뒤 따라 들어가, 골대를 맞고 나온 수아레스의 슈팅을 받아 빈 골문에 공을 밀어넣어 리드를 두 골 차로 벌렸다. 그리고는 골대 상단 구석으로 빨려 들어가는 장거리 프리킥 골을 터트리며 바르셀로나에 완벽한 3-0 승리를 안겼다. 프리킥 골은 메시가 바르셀로나 소속으로 터트린 공식 대회 600호 골이었다. 리버풀이 결승에 진출하려면 2차전 홈 경기에서는 무조건 네 골 차 이상의 승리가 필요해졌다.

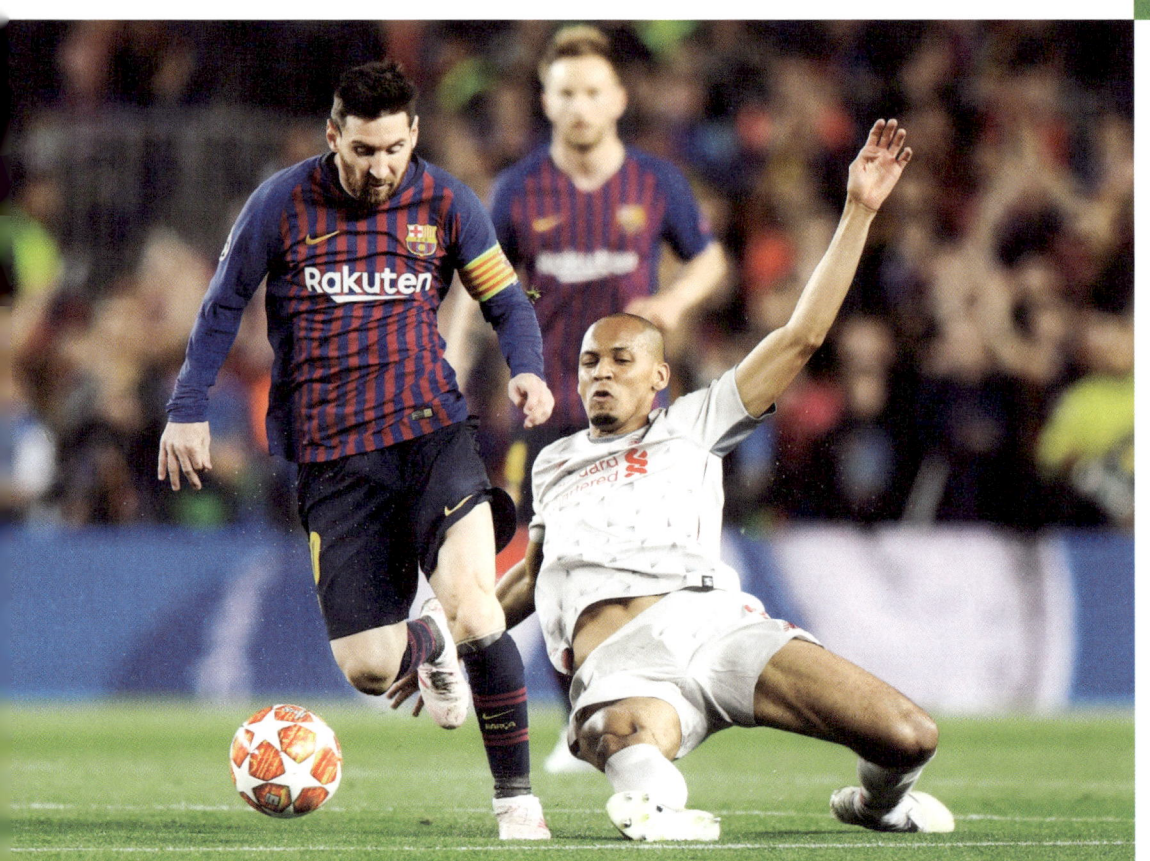

　　프리미어 리그에서도 두 경기가 남은 시점에 2위, 챔피언스 리그에서는 탈락 직전에 몰린 리버풀이지만 쉽게 포기할 수는 없었다. 과거 리버풀에 챔피언스 리그 우승을 안겼던 라파엘 베니테스 감독이 지휘하는 뉴캐슬 원정. 리버풀은 상대의 격렬한 저항에 시달리며 피르미누와 살라까지 부상으로 잃었지만, 경기 종료 4분을 남겨 두고 디보크 오리기가 샤키리의 크로스를 결승골 헤더로 연결하며 극적인 3-2 승리를 거두고 맨체스터 시티와의 프리미어 리그 우승 경쟁을 시즌 마지막 경기까지 이어 갔다.

　　바르셀로나와의 챔피언스 리그 준결승 2차전은 현실적으로 힘들어 보였다. 정상적인 전력이더라도 기적이 필요한 상황인데 공격의 핵심 두 선수가 3일 전 경기에서 부상을 당해 빠지게 됐으니 기적조차 바라기 어려운 상황이었다. 이러한 가운데 클롭 감독이 리버풀 선수들에게 당부한 것은 단 하나였다. 평소처럼 상대에 대한 압박을 멈추지 말라는 것이었다.

　　열광적인 홈 팬들의 응원을 등에 업은 리버풀은 경기 시작부터 바르셀로나를 강하게 압박했고, 전반 7분 만에 디보크 오리기가 골을 터트리자 추격이 가능하다는 분위기가 형성됐다. 바르셀로나도 만만치 않은 반격을 해 왔으나, 알리송 골키퍼의 선방이 리버풀의 골문을 든든하게 지켜 냈다. 이후 후반 시작과 함께 왼쪽 수비수 앤드류 로버트슨이 부상으로 빠진 자리를 미드필더로 뛰던 제임스 밀너가 대신하고, 중원에는 바이날둠을 교체로 투입해 기동력을 높인 것이 결국 승부를 뒤집는 한 수가 됐다.

　　바이날둠은 후반 9분과 11분에 각각 오른쪽과 왼쪽에서 날아온 크로스를 정확하게 슈팅으로 연결해 연달아 골을 터트리며 순식간에 준결승 승부를 원점으로 돌렸다. 그리고 후반 34분, 만 20세에 불과하던 트렌트 알렉산더-아놀드가 코너킥 상황에서 상대 수비가 정비하지 않는 틈을 놓치지 않고 재빠르게 패스를 연결했고 이를 오리기가 그대로 받아 넣으며 리버풀은 극적인 역전을 이뤄 냈다. 직전 경기 뉴캐슬전의 영웅 오리기가 다시 한번 리버풀의 영웅이 되는 순간이었다. 세 골 차를 뒤집은 것을 기적이라 할 수도 있겠지만, 리버풀은 이미 여러 차례 해낸 일이기 때문에 기적이라고 표현하기보다는 저력을 보여 줬다고 하는 표현이 더 어울리는 완승이었다. 시즌의 운명은 마지막 두 경기, 프리미어 리그 울버햄튼과의 홈 맞대결과 토트넘을 상대할 챔피언스 리그 결승전에 달려 있었다. 객관적으로 프리미어 리그 우승은 쉽지 않았다. 리버풀이 울버햄튼을 꺾는다고 해도 맨체스터 시티가 브라이튼 원정에서 승리해서 리버풀을 따돌리고 우승을 가져갈 가능성이 컸기 때문이다. 이러한 상황에서도 리버풀은 자신들의 몫을 해냈다. 마네가 전반 17분과 후반 36분에 골을 터트리며 리버풀에 2-0 승리를 안겼지만, 결국 맨체스터 시티가 브라이튼에 4-1로 승리하면서 우승 트로피를 가져갔다. 리버풀의 승점 97점은 유럽 1부 리그에서 나온 2위 팀의 역대 최다 승점이었다. 프리미어 리그 한 시즌에 98점 이상의 승점을 획득한 팀 자체가 지금까지도 역대 세 번밖에는 없다(맨체스터 시티 2회, 리버풀). 역대급 시즌을 보내고도 우승에 실패한 클롭 감독은 "리버풀은 우리만의 역사를 쓴 겁니다. 지난 시즌에도 많은 발전을 했는데 이번 시즌에는 훨씬 더 많이 발전했습니다. 선수들은 새로운 수준에 도달하도록 스스로 노력했고 발전은 아직 끝난 게 아닙니다. 프리미어 리그에서 우승하려면 완벽에 아주 가까워져야 합니다. 도르트문트에서 분데스리가 우승을 차지했을 때보다도 더 낫고 특별한 시즌이었지만, 우리보다 더 나은 팀이 하나 있다는 걸 무시할 수는 없습니다."라며 선수들을 독려했다.

이제 리버풀의 모든 집중력은 마드리드에서 열리는 토트넘과의 챔피언스 리그 결승에 쏠려 있었다. 토트넘의 간판 스트라이커 해리 케인이 부상에서 막 돌아와 정상적인 상태가 아니었기에 객관적으로 리버풀의 우세가 점쳐졌지만, 얼마 전 준결승에서 리버풀 자신들이 살라와 피르미누 없이도 바르셀로나를 꺾은 사례가 있었기 때문에 방심은 금물이었다. 게다가 이전 시즌 준우승과 프리미어 리그에서 2위에 그치는 아픔까지 있어서 리버풀은 우승이 너무나도 간절했고, 긴장감 또한 평소보다 클 수밖에 없었다.

다행히 전반 2분 만에 선제골이 나왔다. 토트넘 미드필더 무사 시소코가 마네의 크로스를 막으려다 핸들링 반칙을 범하며 리버풀에 페널티킥을 내준 것이다. 키커로 나선 살라가 침착하게 골을 성공시키며 리버풀은 한결 편안하게 경기를 치를 수 있었다. 그럼에도 긴장한 탓인지 리버풀은 평소만큼 뛰어난 경기력을 보여 주지는 못했지만, 토트넘 또한 케인이 판 다이크에게 완벽하게 봉쇄된 가운데 인상적인 경기를 펼치지는 못했다. 결국 후반 42분 코너킥 상황에서 오리기가 한 골을 추가한 리버풀이 2-0으로 승리를 거두고 마침내 클롭 감독에게 부임 이후 첫 우승을 안기게 됐다. 리버풀의 구단 역사상 여섯 번째 챔피언스 리그(유로피언 컵 포함) 우승이었다.

어떻게 우승했는지는 모르겠고 그저 우승을 즐기고 싶습니다. 굉장한 밤이었어요.

이전 여섯 번의 결승전에서 준우승만 차지한 건 좋지 않은 기억이기 때문에 무엇보다 안도감이 느껴집니다.

너무나 의미가 큰 우승이라 다들 눈물을 흘렸죠.

리버풀에 돌아가서 크게 축하할 일이 정말 기대됩니다.

힘든 시즌이었는데 상상할 수 있는 가장 아름다운 마무리를 하게 됐네요.

어려운 상황에서도 용감하고 침착하게 할 일을 해낸 선수들이 자랑스럽습니다.

더 기쁜 건 이 선수들에게 이번 챔피언스 리그 우승은 시작일 뿐이라는 겁니다.

성공의 의지가 굉장해요. 우승이라는 큰 업적을 남긴 게 앞으로의 발전에도 도움이 될 겁니다

_ 클롭 감독의 챔피언스 리그 우승 소감

리버풀의 약점을 무기로 바꾼 골키퍼 알리송 베케르

골키퍼 포지션은 이전 시즌까지 리버풀의 최대 약점 중 하나였다. 챔피언스 리그 결승전이라는 클럽 축구 최고의 무대에서 골키퍼의 실책으로 두 골을 실점하며 1-3으로 패했다는 사실만으로 더 이상의 설명조차 필요하지 않을 정도다. 우승을 위해서는 리버풀의 최우선 과제가 바로 세계 최고 수준의 골키퍼를 영입하는 것이었다. 그리고 앞서 살펴봤듯이 클롭 감독의 전술 스타일에 맞는 선수를 영입해야 했다. 이는 필드 플레이어뿐만 아니라 골키퍼도 예외가 아니었다. 전방 압박과 후방 빌드업이 일반화된 현대 축구에서는 골키퍼에게도 선방만이 아니라 경기 흐름을 읽고 수비 뒤쪽 공간을 커버하는 능력이나 침착하게 공을 다루고 동료에게 정확히 연결하는 능력도 요구된다. 클롭이 믿을 수 있는 골키퍼라면 이 모든 능력이 출중해야 했다.

리버풀의 선택지는 오직 알리송 하나였다. 레알 마드리드, 첼시, 파리 생제르맹을 영입 경쟁에서 따돌리기 위해 당시 골키퍼 역대 최고 이적료인 6,250만 유로를 투자했지만 이는 하나도 아깝지 않았다. 리버풀이 챔피언스 리그 16강 진출에 실패할 위기에 놓였을 당시, 알리송은 나폴리와의 조별 리그 마지막 경기 마지막 순간에 결정적인 선방을 펼쳐 리버풀을 구해냈다. 오죽했으면 클럽 감독이 "알리송이 이렇게 잘할 줄 알았다면 이적료를 두 배로 냈을 겁니다. 살라의 골도 굉장했지만 알리송의 선방은 표현할 말이 없군요. 구세주 같았습니다."라고 말했을 정도다. 프리미어 리그에서도 입단하자마자 시즌 최소 실점, 최다 무실점 경기를 기록하는 기염을 토했다.

리버풀 입단 전부터 알리송은 최고의 길만 걸어온 선수였기에 최고의 이적료는 당연했다. 브라질 청소년 대표팀 멤버로 20세 이하 세계 대회에서 우승을 차지한 뒤 21세의 나이에 국가대표로 데뷔했고, 리버풀 입단 직전에는 2018 러시아 월드컵에서 주전으로 활약하고 돌아온 참이었다. 선수 생활 초기에는 인터나시오날에서 전설적인 골키퍼 디다와 경쟁하며 주전 자리를 차지했고, 주전 도약 이후 매 시즌 우승을 경험하는 화려한 경력과 함께 2016년 AS 로마로 이적하며 유럽 무대에 입성했다.

ALISSON BECKER

FIFA 최우수 골키퍼 2019
야신 트로피 2019
챔피언스 리그 올해의 골키퍼 2018/19
프리미어 리그 골든 글러브 2018/19, 2021/22
FIFA FIFPro 월드 11 2019, 2020
UEFA 올해의 팀 2019
선수 협회 선정 프리미어 리그 올해의 팀 2021/22

로마 입단 첫 시즌에는 보이체흐 슈체즈니 골키퍼의 백업 역할을
수행해야 했기 때문에 곧바로 다시 이적을 고려했으나, 이어진
2017/18시즌에는 슈체즈니 골키퍼가 유벤투스로 떠나며 주전
자리를 차지한 뒤 인상적인 활약으로 로마의 챔피언스 리그
준결승 진출에 크게 기여했다. 준결승에서 리버풀을 만나기 전까지
알리송은 챔피언스 리그 홈 경기에서 단 한 골도 실점하지 않았다.
이 시즌 알리송은 세리에A 에서도 최다 무실점 2위(17경기)를
기록했을 만큼 선방 능력은 검증이 되어 있었다.

프리미어 리그는 세리에A보다 공수 전환이 빠르고 역동적이기
때문에 후방 커버와 패스 능력은 리버풀 입단 이후로 더욱
중요해졌다. 알리송은 어린 시절부터 아버지, 형과 함께 축구를 하는
것이 가장 즐거운 취미였고 유소년 선수 생활을 시작할 때는 수비형
미드필더 역할을 맡았기 때문에 경기 흐름을 읽고 공을 다루는 데는
일찍부터 익숙해져 있었다. 알리송이 아크로바틱한 다이빙으로
상대의 슈팅을 막아 내는 경우가 많지 않아서 선방 능력이 떨어지는
것은 아닌가 의심할 수도 있는데, 알리송은 위험을 빠르게 감지해서
상대가 마무리 패스나 슈팅을 언제 어느 지점으로 보낼지 예측하고
먼저 움직이기 때문에 크게 몸을 날리기보다는 각도를 좁히는
형태로 선방을 펼치는 골키퍼다.

골키퍼로 포지션을 변경한 이후에도 우상으로 삼았던 선수는
바르셀로나의 빅토르 발데스였는데, 발데스 또한 발 기술이 뛰어나
자신 있게 공을 다루고 적극적으로 빌드업에 관여하던 골키퍼였다.
알리송도 발로 공을 다루는 것을 좋아하고 훈련 때는 원래
포지션이었던 미드필더 역할까지 맡기 때문에 필드 플레이에는
전혀 어려움이 없다. 상대가 전방 압박을 하러 올라오면 후방으로
침투하는 살라나 마네를 향해 정확한 패스를 뿌려 줄 수도 있어
프리미어 리그에서 통산 세 개의 도움을 기록하기도 했다. 게다가
세계 최고의 골키퍼인 알리송의 앞에는 세계 최고 수비수 판
다이크가 있기 때문에 두 선수가 반복된 훈련으로 호흡을 맞춰 가게
되면서 리버풀의 수비와 후방 빌드업은 더욱 단단해졌다. 리버풀이
거둔 모든 성공의 뒤에는 알리송이 있었다.

스무 살에 최고의 풀백으로
트렌트 알렉산더-아놀드

흔히 축구를 표현하는 말 중 하나로
'공을 찬다'는 이야기가 있다. 이는
그만큼 축구에서 '찬다'는 행위가
중요하다는 것을 방증하는데, 아무리
빠르게 전개되는 최고 수준의
경기에서도 킥이 강하고 정확한
선수는 가장 강력한 무기를 보유하고
있는 셈이다. 특히나 프리킥과 코너킥
상황에서는 상대의 방해를 받지
않고 공을 찰 수 있기 때문에 원하는
지점으로 빠르고 정확하게 공을 보내는
능력은 당연히 중요할 수밖에 없다.
리버풀의 알렉산더-아놀드는 바로
전세계에서 가장 뛰어난 킥 능력을
갖춘 선수다. 경기장 어느 곳에서든
원하는 위치로 정확하게 패스를 보낼
수 있기 때문에 잉글랜드 최고의 스타
중 하나였던 데이비드 베컴의 재림으로
불리기도 한다.

TRENT ALEXANDER-ARNOLD

선수 협회 선정 프리미어 리그 올해의 팀 *2018/19, 2019/20, 2021/22*
챔피언스 리그 올해의 팀 *2018/19, 2021/22*
FIFA FIFPro 월드11 *2020*
UEFA 올해의 팀 *2019*

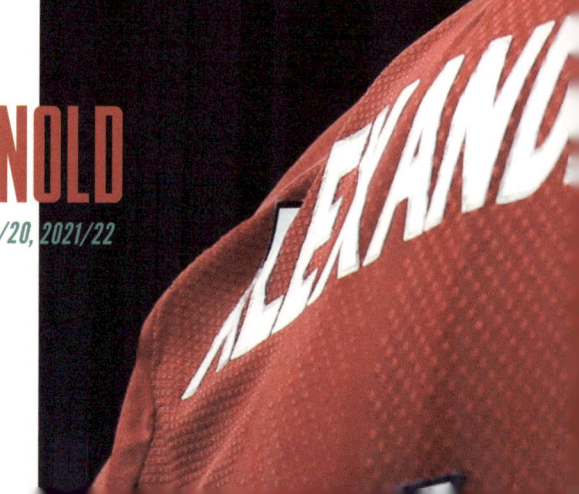

2018-2024 프리미어 리그 최다 도움 TOP 10

66 케빈 더 브라위너 *66도움 155경기*

57 트렌트 알렉산더-아놀드 *57도움 197경기*

57 모하메드 살라 *57도움 211경기*

50 앤디 로버트슨 *50도움 194경기*

48 손흥민 *48도움 199경기*

40 브루노 페르난데스 *40도움 157경기*

39 제임스 매디슨 *39도움 186경기*

37 파스칼 그로스 *37도움 186경기*

35 부카요 사카 *35도움 168경기*

34 리야드 마레즈 *34도움 145경기*

특이한 점은 아놀드의 포지션이 가장 많은 패스를 시도할 수 있는 미드필더가 아닌 라이트백이라는 것이다. 리버풀 유소년팀 출신인 아놀드는 어린 시절 다양한 포지션을 경험했다. 주로 중앙 미드필더나 오른쪽 측면 미드필더 역할을 소화했지만, 중앙 수비수까지도 소화한 적이 있다. 리버풀의 전설적인 주장이었던 스티븐 제라드가 코치 자격을 얻기 위해 유소년팀 선수들을 지도했을 때 아놀드의 재능을 알아보고 칭찬한 적이 있는데, 그때도 아놀드의 포지션은 수비형 미드필더였다. 그런데도 아놀드가 풀백으로 전향한 이유는 최대한 빠르게 유소년 팀을 벗어나 1군에서 프로 선수로서 활약할 수 있는 포지션이 바로 라이트백이었기 때문이다. 그렇다고 해서 변화의 과정이 쉬운 것은 아니었다. 리버풀 유소년 코치들은 아놀드의 1군 진입을 돕기 위해 혹독하게 훈련을 시켰다. 풀백을 처음 경험하는 아놀드가 가장 취약했던 부분은 바로 상대 윙어의 일대일 돌파를 막는 것이었고, 코치들은 훈련에서 아놀드가 계속해서 일대일 돌파를 막아야 하는 상황을 연출했다. 때로는 너무 힘들어서 아놀드가 포기하지는 않을까 걱정이 될 정도였지만, 아놀드는 끝내 포기하지 않았고 결국 리버풀 1군에서 라이트백으로 기회를 잡게 된다.

본격적으로 꾸준하게 출전하기 시작한 건 2017/18시즌이었는데, 주전 라이트백이던 네이선 클라인이 시즌 초반 등 부상을 당해 이탈하자 그 자리를 두고 조 고메스와 경쟁을 펼치게 된 것이다. 아놀드는 챔피언스 리그에서 상대적으로 약체였던 NK 마리보르와의 맞대결 두 경기에 출전해 골과 도움을 기록하면서 곧바로 자신의 재능을 보여 줬다. 프리미어 리그에서는 후반기부터 기회를 잡기 시작했는데, 빠르고 돌파 능력이 뛰어난 선수들을 상대로 수비에 어려움을 겪기도 했지만 점차 적응하면서 시즌 막바지에는 주전 자리를 굳히고 챔피언스 리그 8강부터 모든 경기에 선발로 출전했다. 이러한 활약 덕분에 아놀드는 유럽 최고의 유망주 중 하나로 거론되기 시작했다.

그 재능을 파악한 클롭 감독은 2018/19시즌부터 아놀드의 장점을 극대화하기 위해 전술을 조정하기 시작했다. 중원에 케이타와 파비뉴가 합류해 기동성이 더해졌고, 특히 수비형 미드필더 파비뉴는 풀백까지도 소화할 수 있는 선수였기 때문에 아놀드가 이전보다 수비 부담을 덜고 전진해서 마치 플레이 메이커처럼

득점 기회를 만드는 작업에 가담하게 됐다. 아놀드가 비운 수비 공간은 파비뉴가 충분히 커버할 수 있었다. 이는 레프트백인 앤디 로버트슨에게도 마찬가지로 적용됐다. 그 결과 아놀드는 2018/19시즌 프리미어 리그에서 12도움을, 로버트슨은 11도움을 기록하는 놀라운 활약을 펼쳤다. 아놀드는 왓포드와의 홈 경기에서 세 개의 도움을 올리며 대회 역사상 최연소(20세 143일) 도움 해트트릭을 기록하기도 했다. 이때부터 이미 공격력 면에서 아놀드에게 필적할 풀백은 찾아보기 어려웠다. 전술의 최신 트렌드가 바뀌어 가면서 풀백들은 측면에 머무르는 게 아니라 중앙 미드필더가 뛰는 공간으로 움직이며 팀이 경기의 주도권을 잡을 수 있도록 도움을 주는 형태의 플레이가 늘어났는데, 이 또한 미드필더 역할이 이미 익숙한 아놀드에게는 축복이었다. 아놀드는 사이드 라인에 붙어 있는 게 아니라 하프 스페이스에서 주로 움직이며 경기장 어느 곳으로든 패스를 보낼 수 있었다. 리버풀의 오른쪽 공격수인 모하메드 살라는 사실상 중앙에서 주로 움직이는데, 다소 발이 느린 아놀드가 오른쪽 측면을 공격하는 게 아니라 기동력이 좋은 미드필더인 조던 헨더슨이나 알렉스 옥슬레이드-체임벌린이 측면으로 움직이기 때문에 상대 수비가 살라와 헨더슨을 막으려 하면 아놀드는 자유롭게 하프 스페이스에서 상대 골문 앞으로 날카로운 크로스를 보낼 수 있게 된다.

전통적인 풀백 포지션으로 아놀드를 보게 되면 수비 능력에 합격점을 줄 정도는 아니다. 그러나 리버풀이 워낙 공격적이고 역동적인 경기를 펼치기 때문에 아놀드의 수비 약점이 더 부각되는 면도 있다. 또한, 아놀드가 공격에서 기여하는 바는 수비에서의 약점보다 비교도 할 수 없을 만큼 크기 때문에 클롭 감독은 아놀드의 수비력이 비판을 받게 되면 이는 팀의 전술적인 구조상 어쩔 수 없는 부분이 있다며 적극적으로 변호하곤 했다.

이제 2023/24시즌을 끝으로 클롭 감독이 떠나고 살라마저도 이적을 하게 된다면 새로운 감독인 아르네 슬롯이 아놀드를 최대한 활용할 방법을 다시 고민해야 할 것으로 보인다. 심지어는 새로운 풀백을 영입하고 아놀드를 미드필더로 기용하는 것도 방법이 될 수 있다. 어느 위치에서든 아놀드의 킥은 빛을 발할 것이다.

마침내 이뤄 낸 꿈 30년 만의 숙원을 풀다

역대급 시즌을 보낸 이후 리버풀의 여름은 조용했다. 다른 팀들과는 전력 격차가 있었고, 유일한 경쟁 팀인 맨체스터 시티가 또다시 1억 유로에 달하는 순지출을 감행했으나 팀의 주장이자 정신적 지주로 활약해 온 수비수 뱅상 콤파니가 떠난 공백이 있었기에 이전처럼 안정적으로 승점을 쌓아 갈 수 있을지는 의문이었다. 따라서 리버풀은 자금을 아끼는 쪽을 선택했다. 팀의 전력은 이미 완성돼 있었고, 중원과 수비진에는 부상에서 돌아와 힘을 보태 줄 선수들도 있었기 때문이다. 심지어는 핵심 선수들의 나이대가 모두 20대 중반에서 초반이었기 때문에 전력 보강의 필요성도 크지는 않았다. 1군에서 활용할 만한 영입은 아드리안이 유일했는데, 아드리안은 시몽 미뇰레를 대신해 백업 골키퍼 역할을 맡았다. 이후 겨울 이적 시장에서 미나미노 다쿠미가 영입된 것 또한 팀을 떠난 대니 잉스와 다니엘 스터리지의 공백을 메우기 위한 것이지 추가적인 전력 보강은 아니었다.

2019 2020

LIVERPOOL FOOTBALL CLUB
EST. 1892

BEST 11

Sadio
MANE
사디오 마네

Roberto
FIRMINO
호베르투 피르미누

Mohamed
SALAH
모하메드 살라

Georginio
WIJNALDUM
조르지뇨 바이날둠

FABINHO
파비뉴

Jordan
HENDERSON
조던 헨더슨

Andrew
ROBERTSON
앤드류 로버트슨

Virgil
VAN DIJK
버질 판 다이크

Joe
GOMEZ
조 고메스

Trent
ALEXANDER-ARNOLD
트렌트 알렉산더-아놀드

Alisson
BECKER
알리송 베케르

비록 이전 시즌 챔피언스 리그 우승으로 유럽 최강의 전력을 과시했다고는 하지만, 97점의 승점을 쌓고도 프리미어 리그 우승을 놓쳤다는 사실은 리버풀에 통한의 아픔으로 남았다. 그도 그럴 것이 1992년 출범한 프리미어 리그에서 한 번도 우승을 차지하지 못한 것은 고사하고, 1부 리그 마지막 우승이 무려 30년 전인 1989/90시즌이었기 때문이다. 이제는 무조건 리그 우승에 집중해야 했다. 문제는 리버풀이 유럽 챔피언 자격으로 클럽 월드컵까지 소화하게 됐기 때문에 일정은 오히려 우승 도전에 도움이 되지 않는다는 사실이었다. 선수들의 피로 누적과 부상 가능성이 우려되는 상황에서 클롭 감독은 영민하게 전술적인 변화를 주고 대대적인 로테이션을 가동하며 시즌을 이끌어 가려 했다.

가장 크게 달라진 점은 압박 형태였다. 클롭은 '헤비메탈 축구'라는 별명을 얻을 만큼 시종일관 강도 높은 압박으로 상대의 숨통을 조이는데, 이러한 전술을 시즌 내내 구사하다 보면 중반 이후로 주축 선수들의 컨디션 관리에는 어려움이 생기기도 한다. 이에 리버풀은 전방 압박을 시작하는 지점을 낮추는 대신 방법을 바꿔서 이전보다 더 영리하게 상대로부터 공을 빼앗고 공격을 전개하는 형태로 전술을 발전시켜 왔다. 이전에는 최전방 공격수인 피르미누부터 상대 수비수를 압박했다면, 이제는 상대가 중원까지 공을 가져왔을 때 리버풀의 공격진과 미드필더들이 주변을 에워싸고 수비를 펼치는 형태로 변화했다. 압박 강도는 유지하면서도 움직임을 효과적으로 조정한 것이다. 역동성을 다소 희생하는 대신 안정성을 높여 시즌 내내 꾸준한 경기력을 유지하기 위한 선택이었다. 속공이 다소 줄어드는 부분은 라이트백 트렌트 알렉산더-아놀드를 중앙으로 당겨 쓰면서 장점인 크로스를 활용, 더욱 다양한 방식으로 상대 수비를 공략할 수 있도록 했다.

결과는 대성공이었다. 리버풀은 프리미어 리그 8연승으로 시즌을 시작했고, 이 중 일곱 경기에서 멀티 골을 터트리며 일찌감치 선두로 치고 나갔다. 이전 시즌 챔피언스 리그의 영웅이었던 디보크 오리기가 좋은 기세를 이어 갔고, 마네-피르미누-살라의 공격 삼각 편대도 여느 때와 같은 훌륭한 호흡을 선보였다. 알리송 골키퍼가 초반부터 부상으로 자리를 비웠으나, 아드리안이 그 공백을 훌륭하게 메웠다. 그 사이 맨체스터 시티는 토트넘과 비기고, 노리치 시티와 울버햄튼에 충격적인 패배를 당하며 비틀거렸다. 리버풀이 일찌감치 7점 차로 리드를 벌렸다.

챔피언스 리그에서는 이전 시즌에도 까다로운 상대였던 나폴리와 재회했는데, 원정에서 또다시 패배를 맛보고 말았다. 후반 37분 내준 페널티킥이 결승골이 됐고, 동점 골을 노리다가 역습에 추가 실점을 허용하며 0-2로 시즌 첫 패배를 당했다. 다행히 RB 잘츠부르크와의 홈 경기에서는 오랜만의 난타전을 펼친 끝에 4-3으로 승리해 나폴리 원정에서의 패배를 만회했다. 헹크를 상대로도 네 골을 퍼부으며 16강 진출의 가능성을 높였다.

프리미어 리그를 최우선 목표로 설정했기 때문에 리그컵에는 1군 선수들을 거의 기용하지 않았다. 그럼에도 리버풀의 유망주들은 MK 돈스를 꺾고, 아스널과 5-5로 비긴 뒤 승부차기에서 5-4 승리를 거두는 명승부를 연출하며 클롭 감독이 준 기회를 낭비하지 않았다.

프리미어 리그에서는 맨체스터 유나이티드와의 원정 경기가 최대 고비였다. 전반 36분 마커스 래시포드에게 선제골을 내준 리버풀은 나폴리 원정에서처럼 상대의 역습에 고전하다 패하는 듯했다. 그러나 경기 종료를 5분 남겨 두고 앤드류 로버트슨이 올린 크로스가 여러 선수를 지나치며 그대로 흘렀고, 반대편 골문으로 쇄도하던 애덤 랠라나가 이를 쉽게 밀어 넣으며 극적인 동점을 만들었다. 이는 랠라나가 2017년 이후 프리미어 리그에서 터트린 첫 골이자 리버풀 소속으로 터트린 마지막 골이었다. 그리고 놀랍게도 이 경기는 리버풀이 27라운드까지 치르는 동안 프리미어 리그에서 유일하게 승리하지 못한 경기가 됐다. 종종 리버풀의 발목을 잡던 토트넘을 상대로도 압도적인 경기를 펼친 끝에 2-1로 승리했고, 아스톤 빌라 원정에서는 경기 종료 3분 전까지도 0-1로 뒤져져 있다가 로버트슨과 마네의 연속 헤더 골로 극적인 2-1 승리를 거뒀다. 이는 행운의 승리라기보다 경기 내내 상대를 공격한 끝에 얻어낸 집념의 승리였다. 그리고 다른 어떤 경기보다 중요한 경기, 맨체스터 시티와의 맞대결이 다가오고 있었다.

앞선 헹크와의 챔피언스 리그 홈 경기에서 클롭 감독은 로테이션을 가동했다. 주전 선수들이 휴식을 취하더라도 충분히 이길 수 있는 상대였고, 리버풀은 시종일관 편안하게 경기를 운영한 끝에 2-1 승리를 거뒀다. 그러고는 주전 선수들이 모두 출격해 지난 시즌 놓친 우승에 대한 철저한 복수전이 펼쳐졌다. 리버풀은 경기 시작과 함께 맨체스터 시티에 숨 돌릴 틈도 주지 않고 강한 압박을 가했고, 전반 6분 파비뉴와 13분 살라의 골로 확실하게

기선을 제압했다. 마네의 세 번째 골도 후반 6분 만에 터지자 남은 시간은 무리할 필요가 없었다. 수비에 나선 리버풀은 후반 33분 한 골의 만회 골만을 허용하고 3-1 승리로 경기를 마무리했다. 이 승리로 맨체스터 시티와의 승점 차이는 9라운드 만에 9점으로 벌어졌다. 보통 리그 우승 팀이 시즌 내내 5패 가량을 당하기 때문에 승점 차이가 10점 가까이 벌어지면 사실상 무게추는 기우는 셈이나 다름없었다. 확실한 자신감을 얻은 리버풀은 앞만 보고 달리기만 하면 됐다.

프리미어 리그 27라운드까지 26승 1무, 64득점에 17실점. 이전까지 누구도 본 적 없었던 압도적인 질주였다. 살라와 마네, 피르미누는 나란히 15개 이상의 공격 포인트를 기록 중이었고 판 다이크는 12경기를 무실점으로 이끌었다. 맨체스터 시티와의 승점 차이는 20점도 넘게 벌어져 있었다. 천재지변이 일어나지 않는 이상 리버풀의 우승은 확실해 보였다. 맨체스터 시티가 세운 대회 역사상 최다 연승 기록인 18연승 타이를 달성한 건 덤이었다. 그사이에도 리버풀은 또 하나의 우승 트로피를 추가했다.

2019 / 2020

클럽 월드컵에서 준결승과 결승 모두 피르미누의 결승골에 힘입어 한 골 차 승리를 거두며 세계 축구의 정상에 선 것이다. 시즌 도중 카타르에서 열린 이 대회에 참가하기 위해 클롭 감독은 리그컵에 23세 이하 선수들을 기용했고, 결과는 아스톤 빌라 원정에서의 0-5 대패였다. 그러나 이 또한 유망주들에게는 경험의 기회였다.

FA컵에서도 로테이션은 계속됐는데, 머지사이드 지역 라이벌 에버턴과의 홈 경기에서는 유망주 미드필더 커티스 존스의 결승골로 1-0 승리를 가져와 평소보다 더욱 자존심을 세웠다. 3부 리그 소속이던 슈르스버리 타운 원정에서도 존스가 골을 터뜨렸으나, 투지 넘치는 상대의 반격에 2-2 무승부를 거두고 홈에서 재경기를 치르게 됐다. 그리고 이 재경기에서 리버풀은 작은 기적을 만들어 냈다. 클롭 감독은 이 재경기를 앞두고 1군 선수들에게 일주일 휴가를 줬다. 이는 프리미어 리그에 의무적으로 부과된 시즌 중반 휴식기였다. 그럼에도 잉글랜드 언론들은 클롭이 FA컵 대회의 권위를 무시한다며 비판의 목소리를 높였다. 19세 102일. 슈르스버리 타운과의 재경기에 선발로 나선 리버풀 선수들의 평균 연령이었다. 당연하게도 리버풀의 공식 대회 경기 역대 최연소 선발 명단이었다. 벤치를 지킨 것도 클롭 감독이 아닌 23세 이하 팀 감독 닐 크리츨리였다. 그럼에도 안필드에는 4만 4천 명이 넘는 리버풀 팬들이 모여들었다. 이들의 응원을 등에 업은 리버풀의 소년들은 팀의 명예를 위해 용감하게 싸웠고, 측면 공격을 주도하던 라이트백 니코 윌리엄스의 크로스가 상대 자책골로 연결되면서 리버풀은 1-0 승리를 거뒀다. FA컵 16강 진출을 이뤄 내는 동시에 안필드에서 공식 대회 40경기 연속 무패를 달성하는 영광의 순간이었다. 비록 16강에서 첼시에 패해 탈락하긴 했지만, 국내 컵대회에서의 경험은 유망주들에게 귀중한 자산이 됐다. 무려 23명의 선수가 2019/20시즌 리버풀 1군에 공식 데뷔하며 간접적으로 팀의 프리미어 리그 우승을 도운 셈이 됐다.

리버풀의 시즌에 처음으로 진짜 위기가 찾아온 것은 챔피언스 리그 16강이었다. 상대는 스페인에서 가장 끈적끈적하고 단단한 수비 축구를 구사하는 아틀레티코 마드리드였다. 이미 비슷한 상대인 나폴리에 고전한 경험이 있었기에 방심할 수 없는 승부였다. 1차전 원정 경기에서 리버풀은 평소대로의 공격력을 선보였지만 문제는 골 결정력이었다. 거듭된 득점 기회를 놓친 끝에 0-1 패배로 경기가 끝나고 말았다. 그렇지만 1차전 같은 내용을 2차전 홈 경기에서 보여 준다면 승부를 뒤집는 건 충분히 가능해 보였다. 그리고 곧이어 프리미어 리그에서도 첫 패배가 찾아왔다. 왓포드 원정에서 시즌 최악의 경기를 펼친 끝에 0-3으로 완패를 당하고 만 것이다. 그렇지만 이미 프리미어 리그 우승 구도는 확실했기 때문에 무패가 깨진 것 이외에는 별다른 영향이 있는 패배가 아니었다. 그러나 챔피언스 리그에서의 조기 탈락은 분명한 아쉬움으로 남았다. 홈에서 역전을 노린 아틀레티코 마드리드와의 16강 2차전, 리버풀은 또 한 번의 '안필드

마법'을 준비한 듯했다. 전반 43분에 터진 바이날둠의 골로 합산 스코어 1-1 균형이 맞춰졌고, 시종일관 공격을 거듭했으나 얀 오블락 골키퍼의 선방과 골대 불운에 막혀 연장전에 가서야 승자를 가릴 수 있게 됐다. 연장 전반 4분 만에 피르미누의 골이 터졌을 때는 리버풀의 승리가 확실해 보였다. 그러다가 방심한 한순간에 승부는 뒤집히고 말았다. 피르미누의 득점으로부터 3분 뒤, 아드리안 골키퍼가 걷어내려던 공이 그대로 상대 공격수 주앙 펠릭스에게 향하면서 리버풀은 절체절명의 위기를 헌납했고, 펠릭스의 패스를 받은 마르코스 요렌테가 침착한 슈팅으로 골을 터트리자 합산 스코어 2-2가 되면서 리버풀이 원정 팀 다득점 우선 원칙에서 밀려 탈락하는 상황이 됐다. 마음이 급해진 리버풀은 공격에 나섰지만, 오히려 역습에서 요렌테와 알바로 모라타에게 추가 실점을 내주면서 홈에서 2-3 패배, 합산 스코어 2-4로 밀리며 16강에서 탈락하고 말았다. 두 시즌 연속 챔피언스 리그 결승에 올랐던 저력의 팀이기에 더욱 아쉬움이 진한 탈락이었다. 주전 골키퍼인 알리송 베케르가 경기 일주일 전 부상을 당하지만 않았더라도 결과는 달라졌을지 모른다. 2차전의 슈팅 개수는 리버풀이 무려 34개에 달했고, 아틀레티코 마드리드는 10개에 불과했다. 그리고 이 경기 이후 며칠도 지나지 않아 잉글랜드와 모든 유럽의 축구가 멈춰 섰다. 이미 전 세계가 전염병의 영향을 받고 있는 상태에서 감염이 더 확산될 수 있는 축구 경기를 진행하는 것은 무리였다. 이 때문에 리버풀의 우승이 확실하던 시즌이 중단될 수도 있다는 주장까지 제기됐다. 다행히 최악의 사태까지는 가지 않았지만, 선수들은 석 달이나 아무것도 하지 못한 채로 각자의 집에서 개인 훈련만을 하며 시즌 재개만을 기다려야 했고 시즌이 재개되고 나서도 경기장에 팬들이 찾아올 수는 없었다. 30년 만에 찾아온 우승의 기쁨을 현장에서 팬들과 나눌 수가 없게 된 것이다. 그렇다고 해도 리버풀은 남은 임무를 완수해야 했다. 여전히 한 시즌 역대 최다 승점 기록 경신 등 노려 볼 만한 목표들은 있었다.

6월 말이 되어서야 재개된 시즌, 리버풀의 상대는 머지사이드 지역 라이벌 에버턴이었다. 이 경기에서 승리하면 산술적으로 우승을 확정 지을 수 있었지만, 당연하게도 경기 내용은 좋을 수가 없었다. 리버풀은 무려 103일 만에 다시 경기를 치르는 것이었고, 양 팀 선수들 모두 최고의 컨디션과는 거리가 먼 상태였기에 지루한 0-0 무승부로 경기가 종료됐다. 그렇지만 이어진 크리스탈 팰리스와의 홈 경기는 달랐다. 트렌트 알렉산더-아놀드의 멋진 프리킥 골을 시작으로 살라, 파비뉴, 마네가 연달아 골을 터트리면서 4-0 대승을 거뒀다. 시즌 내내 보여 줬던 리버풀의 평소 모습에 가까웠다. 그리고 다음 날 열린 경기에서 맨체스터 시티가 첼시에 1-2로 패하면서 리버풀의 프리미어 리그 우승이 확정됐다. 시즌 종료까지 무려 일곱 경기가 남은 시점에서의 우승. 이는 프리미어 리그 역대 최소 경기 우승 신기록이었다. 축구 역사상 가장 기이한 시즌에 이뤄 낸, 리버풀 구단과 프리미어 리그 역사에 화려하게 장식될 업적이었다.

이미 목표를 이룬 상태였기 때문에 남은 경기에서 평소와 같은 집중력을 유지하기는 힘들었다. 상대 선수들이 우승 팀을 축하해 주는 박수인 '가드 오브 아너'를 받으며 입장한 맨체스터 시티 원정에서는 0-4로 크게 패했고, 번리와 비긴 뒤 아스널 원정에서도 1-2로 패하면서 맨체스터 시티가 보유한 한 시즌 최다 승점 기록인 100점에 도달하기는 불가능해졌다. 그래도 리버풀은 트로피 수여식이 진행되는 시즌 마지막 홈 경기인 첼시전에서 5-3으로 승리를 거두며 우승을 자축했다. 리버풀의 최종 승점은 99점이었다.

"
프리미어 리그 우승을 차지한 느낌을 말로 표현하려다간
눈물이 날 것 같습니다. 온갖 감정이 느껴지는데,
무엇보다 안도감이 들고 행복하며 선수들이 너무나 자랑스럽습니다.
3년 전에는 우승과 거리가 있었지만 작년엔 정말 근접했죠.
지난 2년 반 동안 선수들이 해 온 꾸준한 노력은 그야말로 최고였습니다.
팰리스와의 경기에서는 마치 팬들이 경기장을 가득 메우고
응원을 보내 주고 있는 듯한 느낌으로 뛰었죠.
굉장한 순간입니다. 팬들께 드리고 싶은 말씀은 이거예요.
프리미어 리그 우승은 여러분을 위한 겁니다.
"

마침내 인정받은 리버풀의 영웅 조던 헨더슨

리버풀의 프리미어 리그 우승이 가장 감격스러웠을 선수는 아마도 조던 헨더슨일 것이다. 헨더슨은 2011년 스무 살의 나이에 선덜랜드를 떠나 리버풀에 입단한 이후 위르겐 클롭을 포함해 세 명의 감독을 거치며 실패와 성공을 모두 경험해 왔기 때문이다.

헨더슨은 2011년 여름 구단 전력 강화 팀의 전략적인 판단에 따라 영입되긴 했지만, 자신이 영입될 당시 팀을 지휘하던 케니 달글리시가 1년 만에 팀을 떠나게 된 것은 쉽지 않은 상황이었다. 리버풀은 유럽 대회 일정이 없었음에도 프리미어 리그 8위라는 실망스러운 성적을 기록했고, 헨더슨의 리버풀 생활은 출발부터 쉽지 않았다. 당시 함께 영입된 찰리 아담, 스튜어트 다우닝과 함께 헨더슨은 달글리시 체제의 실패한 영입으로 평가받으며 힘든 나날을 보냈다. 아담이나 다우닝은 그나마 20대 중반의 나이였지만, 헨더슨은 20대 초반에 불과했는데도 마치 리버풀의 실패에 헨더슨의 탓도 있는 듯한 여론이 지배적이었다.

더 큰 시련은 2012년 여름에 찾아왔다. 새로 부임한 브렌던 로저스 감독이 풀럼으로부터 클린트 뎀시를 영입하기 위해 헨더슨을 트레이드 카드로 쓰겠다고 선언한 것이다. 헨더슨은 이에 대해 "로저스 감독에게서 풀럼으로 이적하게 될 수도 있다는 이야기를 들었을 때는 충격이었습니다. 너무 갑작스러웠고, 결국 이적이 성사되진 않았지만 그게 중요한 게 아니었죠. 열심히 노력해서 리버풀로 왔는데 그렇게 빨리 떠나고 싶진 않았습니다. 최대한 오래 리버풀에 남아 주전 경쟁을 하겠다고, 주전으로 뛸 수 있다고 믿는다는 이야기를 감독님께 했어요. 다른 팀으로 가서 더 많은 기회를 잡는 게 낫다고 생각하시는 분도 있겠지만, 제게는 리버풀에서 뛸 능력이 있습니다. 저를 영입 실패작이라고 비판하는 이야기에는 신경 쓰지 않고 팀에서 제가 해야 할 일에만 집중하고 있습니다."라고 답했다. 그리고 헨더슨은 자신의 다짐을 지켜냈다.

주전으로 도약한 2013/14시즌에는 선수 생활의 막바지를 향해 가던 스티븐 제라드를 도와 팀의 엔진 역할을 맡으면서 리버풀이 시즌 막바지까지 우승에 도전하는 데 큰 힘을 보탰다. 프리미어 리그에서 두 자릿수의 공격 포인트를 기록하면서도, 헨더슨은 상대가 공격을 시작할 때 가장 먼저 압박에 나서는 선봉장 역할까지 하면서 자신의 장점인 기동력과 에너지를 최대한 활용했다. 창의적인 플레이를 담당하던 쿠티뉴의 수비 부담을 덜어 준 파트너가 바로 헨더슨이었기 때문에 리버풀은 헨더슨이 결장한 경기에서 그의 공백을 크게 느낄 수밖에 없었다. 없을 때 더욱 존재감이 느껴지는 선수, 헨더슨은 이때부터 리버풀의 '숨은 영웅'이었다.

JORDAN HENDERSON
선수 협회 선정 프리미어 리그 올해의 팀 *2019/20*

2019 / 2020

프리미어 리그 통산 최다 패스 성공 TOP 10

19,657
조던 헨더슨 *19,657회 431경기*

19,318
카일 워커 *19,318회 391경기*

19,119
마이클 캐릭 *19,119회 481경기*

19,086
가레스 배리 *19,086회 653경기*

18,702
세스크 파브레가스 *18,702회 350경기*

17,545
존 테리 *17,545회 492경기*

16,938
세사르 아스필리쿠에타 *16,938회 349경기*

16,623
버질 판 다이크 *16,623회 261경기*

16,418
다비드 실바 *16,418회 309경기*

16,327
제임스 밀너 *16,327회 634경기*

헨더슨은 정말 다재다능한 선수입니다.
신체 능력도 훌륭하지만 기술도 매우 뛰어나죠.
파이터 같은 역할을 맡아 왔기 때문에
기술적인 부분이 간과될 때도 있는데,
기술적으로 굉장히 뛰어나지 않고서는 헨더슨만큼
많은 프리미어 리그 경기에 출전할 수도 없고
리버풀의 주장이 될 수도 없고
가장 중요한 경기에 출전할 수도 없습니다.
헨더슨은 양발을 모두 잘 쓰고
전술적으로도 계속해서 발전했습니다.
여러 포지션을 잘 소화했죠.
심지어는 센터백으로 출전한 적도 있습니다.
수비형 미드필더 역할을 맡아야 했을 때도 뛰어난 활약을 펼쳤어요.
헨더슨은 리버풀에서 매우 중요한 선수였고
모든 걸 해낼 수 있는 미드필더였습니다.
최고의 프로였죠. 리버풀에서 오랫동안 뛰고 싶다면
헨더슨처럼 해야 합니다.

_ 헨더슨에 대한 클롭 감독의 평가

2014/15시즌은 리버풀의 '영원한 캡틴' 제라드의 마지막 시즌이었고, 부주장을 맡은 헨더슨은 서서히 제라드의 역할을 이어받으며 좋은 활약과 함께 리버풀 중원의 핵심이 됐다. 그러나 그 시즌은 챔피언스 리그에서도 프리미어 리그에서도 실망스러운 성적으로 마무리되고 말았다. 곧이어 제라드와 라힘 스털링이 팀을 떠나면서 리버풀은 불안 속에 2015/16시즌을 맞이하게 됐다. 헨더슨은 제라드를 대신해 24세의 나이에 리버풀의 주장 역할을 맡았지만, 시즌 초반 뒤꿈치 부상을 당해 미국까지 날아가 수술을 받아야 했다. 그사이 리버풀은 반등에 실패하면서 감독 교체를 단행했고, 클롭 감독이 새로이 지휘봉을 잡게 됐다.
3개월 만에 부상에서 돌아온 헨더슨에게는 새로운 감독과 새로운 포지션이 기다리고 있었다. 바로 수비형 미드필더였다. 클롭 감독 부임 초기 리버풀은 게겐프레싱을 팀에 이식하기 위해 늘 전진 압박을 구사하는 팀이었고, 이는 헨더슨의 왕성한 활동량과 딱 맞는 전술이었다. 최적의 역할에 경험까지 꾸준하게 쌓이다 보니 헨더슨의 축구 실력은 계속해서 발전을 거듭했다. 경기 흐름을 읽는 시야, 빠른 타이밍의 정확한 패스와 간간이 시도하는

강력한 중거리 슈팅까지. 헨더슨은 클럽의 수비형 미드필더로서 전성기를 맞이하는 듯했다.

그런데 리버풀이 클롭 감독의 철학을 완전히 이식받고 전술적으로 조정에 들어가면서 헨더슨에게 문제가 발생하기 시작했다. 긴 시즌을 치르며 여러 대회를 동시에 소화하기 위해 클롭 감독은 주축 선수들의 체력을 안배해야 했고, 무조건적으로 전방 압박을 시도하는 대신 압박 지점을 낮춰 가면서 더욱 조직적이고 영리한 압박을 시도하게 됐다. 이는 헨더슨의 발을 수비진 앞에 묶고 말았다. 자신의 최대 강점인 기동력을 발휘할 수 없는 가운데서도 수비진을 보호해야 하는 역할을 맡고 있던 헨더슨을 팀 전체 수비 불안의 원인으로 지적하는 목소리도 있었지만, 당연하게도 클롭 감독은 문제를 잘 파악하고 있었다. 그 문제를 해결하기 위해 영입된 선수가 바로 파비뉴였다.

파비뉴의 영입과 함께 헨더슨은 다시 박스 투 박스 미드필더 자리로 복귀했다. 이번에는 오른쪽 측면과 하프 스페이스를 오가는 역할이었다. 최고의 크로스 능력을 갖춘 라이트백 트렌트 알렉산더-아놀드가 중앙 지역으로 전진해 공격에 가담하는 플레이를 지원하면서, 살라가 중앙으로 이동하며 비워 둔 오른쪽 측면 공간을 공략하는 것이 헨더슨의 임무였다. 발이 빠르고 패스 능력이 탁월한 헨더슨은 새로운 역할에 또다시 순조롭게 적응했.

상대 팀들은 살라-헨더슨-아놀드가 힘을 합친 리버풀의 오른쪽 측면 공격을 도저히 막을 방법이 없었다. 리버풀이 우승을 차지한 2019/20시즌 프리미어 리그에서 헨더슨은 4골 5도움으로 클럽 체제에서 자신의 한 시즌 최다 공격 포인트를 기록하는 활약을 펼치며 21세기 리버풀의 유일한 '리그 우승 캡틴'에 등극했다.

스무 살의 나이에 오른쪽 측면 미드필더로 시작해 박스 투 박스 미드필더를 거쳐 수비형 미드필더, 그리고 다시 박스 투 박스 미드필더에 측면 하이브리드 역할까지. 헨더슨은 리버풀에서 12년을 보내며 수많은 도전과 비판을 이겨 내고 정상에 올라 구단 역사에 자신의 이름을 남겼.

제라드는 자신이 못다 이룬 프리미어 리그 우승을 해낸 헨더슨에 대해 "자기 자신만을 위해 뛰는 선수들도 있는데, 헨더슨은 공을 확보하기 위해 힘든 질주를 마다하지 않는 선수입니다. 12~13km를 일주일에 두 번도 뛸 수 있는 선수죠. 리버풀 정도 수준의 팀은 헨더슨 같은 톱니바퀴가 없이는 돌아가지 않습니다."라고 찬사를 보냈다.

JUERGEN KLOPP

모든 감독이 꿈꾸는 풀백 앤드류 로버트슨

계속해서 100m 달리기를 하는 것 같았습니다.
나중에는 보고 있는 것만으로도 피곤하더군요.

이는 2018년 당시 리버풀에 패한 뒤 주제 무리뉴 맨체스터 유나이티드 감독이 했던 말로, 로버트슨이 어떤 선수인지를 잘 보여 주는 표현이다. 왼쪽 측면에서 쉬지 않고 공격과 수비를 오가면서 경기 내내 상대를 괴롭히는, 상대 선수만이 아니라 감독까지 피곤하게 하는 선수. 그렇지만 로버트슨이 단지 무작정 뛰어다니기만 하는 선수는 아니다. 라이트백인 트렌트 알렉산더-아놀드가 뛰어난 크로스 능력으로 많은 찬사를 받지만, 로버트슨 또한 알렉산더-아놀드와 똑같은 수준의 도움을 기록해 온 마무리 능력을 보유하고 있다. 그야말로 공수 양면에서 완벽한, 게다가 부상도 쉽게 당하지 않는 어느 감독이나 꿈꿀 만한 풀백인 것이다. 포기를 모르고 뛰는 능력은 아버지로부터 물려받았다. 앤드류 로버트슨의 아버지는 축구 선수를 목표로 했다가 척추 부상으로 꿈을 접어야 했는데, 그럼에도 척추 보호대를 착용하고 계속해서 아마추어 축구를 즐겼을 정도로 의지와 체력이 강한 인물이었다. 로버트슨도 최고 수준까지 올라오는 길이 순탄하지 않았다. 어린 시절부터 팬이던 셀틱 유소년 팀에서 성장해 왔으나, 작은 체구 탓에 15세 이하 팀에서 더 성장하지 못하고 방출되는 아픔을 겪었다.

대학 진학을 앞두고 진로를 고민할 때쯤, 스코틀랜드 3부 리그 소속이던 퀸즈 파크가 로버트슨에게 선수로서 뛸 기회를 줬다. 그리고 로버트슨은 그 기회를 놓치지 않았다. 시즌 내내 꾸준한 활약으로 팀의 3위 등극을 도우면서 이듬해 1부 리그 팀인 던디 유나이티드로 이적하게 됐다. 그리고 던디 유나이티드에서의 활약과 인상적인 훈련 모습이 프리미어 리그 팀 헐 시티 스카우터의 눈에 띄어 로버트슨은 2년 사이에 축구를 포기하려던 예비 대학생에서 잉글랜드 최고의 무대에서 뛰는 선수가 됐다.

헐 시티는 당시 21세이던 로버트슨을 장기적으로 성장시킬 유망주로 생각하고 영입했으나, 로버트슨은 곧바로 두각을 나타내며 출전 기회를 잡기 시작했다. 언제든 기회만 보이면 공격에 가담하러 올라가는 장점은 여전했고, 프리미어 리그 수준의 공격수들을 상대하면서 수비력도

ANDREW ROBERTSON
선수 협회 선정 프리미어 리그 올해의 팀 2018/19, 2019/20
챔피언스 리그 올해의 팀 2021/22
UEFA 올해의 팀 2019

프리미어 리그 수비수 역대 최다 도움 TOP 10

59 앤드류 로버트슨 *59도움 273경기*

58 트렌트 알렉산더-아놀드 *58도움 223경기*

53 레이턴 베인스 *53도움 420경기*

44 그레엄 르 소 *44도움 327경기*

39 안토니오 발렌시아 *39도움 241경기*

36 앤디 힌치클리프 *36도움 219경기*

36 이언 하트 *36도움 237경기*

36 카일 워커 *36도움 391경기*

35 키어런 트리피어 *35도움 176경기*

35 세사르 아스필리쿠에타 *35도움 349경기*

점차 보완되어 갔다. 강등의 아픔과 승격의 기쁨을 모두 누리면서 최고 수준의 무대가 어떻게 다른지를 절감할 수 있었다. 공격에 가담했다가 상대에게 공을 빼앗기고 역습을 허용할 경우 최고 수준의 상대들은 이를 바로 득점으로 연결하는 능력이 있었다. 이 교훈은 리버풀에서도 귀중한 자산이 됐다.

리버풀 또한 헐 시티처럼 로버트슨을 즉시 전력감이 아닌 장기적으로 육성할 생각으로 영입했다. 헐 시티가 강등된 참이라서 이적료는 8백만 파운드에 불과했다. 클롭 감독은 2017/18시즌 전반기에 알베르토 모레노를 주전으로 기용하고 로버트슨에게는 거의 기회를 주지 않았으나, 시즌 중반 모레노가 발목 부상으로 이탈하자 로버트슨을 믿고 기용하기 시작했다. 그 시점부터 로버트슨은 리버풀의 주전 레프트백 자리를 놓친 적이 없다. 끊임없는 공격 가담은

상대 수비를 공략하는 데도, 로버트슨을 막으러 따라와야 하는 상대 측면 공격수의 체력을 떨어뜨리는 데도 큰 도움이 됐고 무엇보다 전진 압박을 강조하는 클롭 감독의 전술과 찰떡궁합이었다.

게다가 로버트슨의 앞에는 역시나 왕성한 활동량을 자랑하는 사디오 마네가 있었다. 마네와 로버트슨이 있는 리버풀의 왼쪽 측면은 거의 세 명의 선수가 뛰는 셈이나 다름없었다. 오른쪽에서는 알렉산더-아놀드가 정교한 크로스를 올렸다면 왼쪽에서는 로버트슨이 저돌적인 돌파로 상대 페널티 지역 안까지 뚫고 들어왔다. 공격 마무리는 클롭 감독의 지도를 받으며 개선된 부분으로, 확률 낮은 크로스를 올리는 대신 연계 플레이와 컷백으로 충분한 득점 기회를 창출했다. 그 결과 로버트슨과 알렉산더-아놀드는 마치 서로 도움 기록을 두고 경쟁이라도 하는 듯한 활약을 펼쳤다. 그리고 이 둘의 앞에는 득점왕 경쟁을 하는 마네와 살라가 있었다.

경기장 안에서는 역대 최고의 선수로 평가받는 리오넬 메시를 상대로도 한발도 물러서지 않고 대담하게 도발하는 투쟁심을 발휘하는 로버트슨이지만, 경기장 밖에서는 어떤 선수보다 친근한 태도로 구단 관계자와 팬들에 대해 리버풀 팬들이 가장 좋아하는 선수 중 하나로 자리 잡았다. 클롭 감독과 마찬가지로 리버풀에 딱 어울리는, 어떤 감독이나 구단에서도 좋아할 수밖에 없는 선수가 바로 로버트슨이다.

 2020 2021

상상도 못 한 위기 그리고 기적

아무리 정상에 오르는 것보다 정상의 자리를 지키는 게 더 어렵다지만, 리버풀의 2020/21시즌은 이상할 정도로 길고 진이 다 빠지도록 힘든 시즌이 되고 말았다. 전염병의 영향으로 안필드 경기장에서는 팬들의 함성을 들을 수 없었고, 어느 때보다 짧게 휴식을 취하고 돌아온 선수들은 부상으로 쓰러졌다. 역대급 악조건 속에서도 클롭 감독은 팀의 전력을 평소에 가깝게 꾸릴 수 있도록 최대한의 지도력을 발휘했고, 리버풀은 프리미어 리그 3위와 챔피언스 리그 8강이라는 성적을 기록했다. 디펜딩 챔피언으로서는 실망스러운 성적일 수도 있겠지만, 리버풀의 상황을 들여다보면 이는 기적과 같은 결과였다.

2020 2021

BEST 11

Sadio
MANE
사디오 마네

Roberto
FIRMINO
호베르투 피르미누

Mohamed
SALAH
모하메드 살라

Curtis
JONES
커티스 존스

Georginio
WIJNALDUM
조르지뇨 바이날둠

Thiago
ALCANTARA
티아고 알칸타라

Andrew
ROBERTSON
앤드류 로버트슨

Jordan
HENDERSON
조던 헨더슨

FABINHO
파비뉴

Trent
ALEXANDER-ARNOLD
트렌트 알렉산더-아놀드

Alisson
BECKER
알리송 베케르

시즌의 준비는 나쁘지 않았다. 리버풀은 여름 이적 시장에서 멀티 포지션 공격수 디오구 조타, 창의적인 미드필더 티아고 알칸타라, 백업 풀백 코스타스 치미카스를 영입하며 착실하게 전력을 보강했다. 센터백 데얀 로브렌이 팀을 떠났지만, 유망주 나다니엘 필립스가 성장해 1군에서 출전 기회를 노리고 있었기에 중앙 수비진을 구성할 선수 숫자가 부족한 것은 아니었다. 다만 조엘 마팁이나 조 고메스는 부상 전력이 있는 선수들이었기에 바로 이전 시즌 맨체스터 시티가 뱅상 콤파니의 공백을 느꼈던 것과 같은 위기가 리버풀에 찾아올 수도 있다는 우려는 존재했다. 분위기는 리즈 유나이티드와의 개막전부터 심상치 않았다. 승격 팀인 리즈는 마르셀로 비엘사 감독의 지도 아래 리버풀만큼이나 강한 압박을 경기 내내 구사하는 팀이었고, 리버풀은 무려 일곱 골을 주고받는 격전을 치른 끝에 경기 종료 2분 전에야 터진 살라의 페널티킥 결승골로 신승을 거둘 수 있었다. 이어진 첼시 원정에서는 전반 추가 시간 안드레아스 크리스텐센의 퇴장으로 수적 우위를 점한 끝에 후반 마네가 터트린 두 골로 2-0 승리를 거둘 수 있었다. 아스널과의 홈경기에서는 조타가 리버풀 데뷔 골을 터트리는 기쁨과 함께 3-1로 승리했다. 경기 내용도 점차 좋아지고 3연승이라는 결과도 완벽했기에 리버풀은 이른

위기의 분위기를 쉽게 잠재우는 듯했다.
그러나 9월에서 10월로 넘어가면서 시련이 시작됐다. 아스널과의 리그컵 4라운드 경기에서는 1.5군을 내보냈다가 0-0으로 정규 시간을 마친 뒤 승부차기 끝에 탈락했고, 아스톤 빌라 원정에서는 알리송이 어깨 부상으로 빠진 가운데 아드리안 골키퍼의 실책이 나오면서 일곱 골을 실점하며 2-7로 대패한 것이다. 리버풀이 한 경기에서 7실점이나 허용한 것은 무려 1963년 이후 처음이었다. 그리고 이어진 에버튼 원정에서 대형 사고가 터졌다. 공격에 가담했던 핵심 수비수 판 다이크가 상대 골키퍼 조던 픽포드의 살인 태클에 쓰러져 무릎 십자인대 부상을 당하고 만 것이다. 과도하게 거칠고 불필요한 태클이었기에 리버풀로서는 분통이 터지는 상황이었는데, 그마저도 주심은 픽포드에게 퇴장을 선언하지 않고 판 다이크의 오프사이드 반칙을 먼저 지적해 공분을 샀다. 뒤숭숭한 분위기에서 2-2로 비긴 리버풀은 이어진 두 경기에서 조타의 결승골 활약에 힘입어 셰필드 유나이티드와 웨스트햄 상대로 연달아 2-1 역전승을 거두며 선두로 올라섰다. 그러나 세계 최고의 수비수를 잃은 충격은 어마어마했다.
그리고 11월에는 조 고메스마저 쓰러졌다. 잉글랜드

대표팀에 합류해 훈련하던 도중 무릎 힘줄에 부상을 입어 시즌 아웃이 되고 말았다. 리버풀은 고작 프리미어 리그 8라운드까지 소화한 시점에 네 명의 센터백 중 첫 번째와 세 번째 센터백을 완전히 잃고 말았다. 두 번째 센터백인 마팁 또한 허벅지, 등, 사타구니 등 다양한 근육 부상을 당해 경기에 모습을 드러내는 일이 드물었다. 클롭 감독은 수비형 미드필더 파비뉴를 센터백으로 내려 쓰면서 4-2-3-1 포메이션으로 변화를 주거나 유망주인 네 번째 센터백 나다니엘 필립스에게 기회를 줄 수밖에 없었다.

흔들리는 수비진을 보호하기 위해 미드필더들이 수비 임무에 더 신경을 쓰게 되자 팀 전체의 공수 균형에 영향이 가고 공격력도 무뎌졌다. 클롭 감독은 모든 선수가 확실하게 패턴을 인지하고 조직적으로 움직이길 원하는데, 계속해서 선발 명단과 포메이션에 변화가 생기면 의도한 대로 경기를 풀어 가기는 어려울 수밖에 없다. 리버풀의 경기를 보면 여러 선수가 쉴 새 없이 움직이며 상대를 정신 없이 몰아치기 때문에 자칫 조직력보다 의욕이 앞서는 팀이라고 오해할 수도 있는데, 이는 어디까지나 클롭 감독이 의도한 움직임 안에서 자신들이 연출하는 혼란이지 실제로 혼란스러운 경기를 펼치는 것은 아니다.

게다가 꾸준함의 대명사에 가까웠던 마네마저도 시즌 초반 코로나 확진 이후로 평소의 컨디션을 유지하지 못하면서 보기 드문 부진에 빠졌다. 신입 공격수 조타가 별다른 적응 기간도 필요 없이 곧바로 골을 터트린 덕분에 공격력을 어느 정도 유지할 수 있었고, 살라는 판 다이크가 빠진 상황에서 팀의 에이스이자 정신적 지주 역할을 확실하게 해냈다. 그나마도 12월에는 조타까지 무릎 부상을 당해 두 달 이상 경기를 소화하지 못했다. 다행히도 챔피언스 리그에서는 다소 수월한 조 편성과 함께 첫 세 경기에서 아약스, 미트윌란, 아탈란타를 상대로 모두 무실점 승리를 거두며 일찌감치 16강 진출을 사실상 확보했다.

리버풀은 위태로운 행보를 보이면서도 10승 6무 1패의 성적으로 프리미어 리그 선두 자리에서 2020년을 마무리할 수 있었다. 그러나 리버풀의 위기는 이제 시작이었다. 전반기에도 부상으로 결장한 경기가 더 많던 마팁이 사타구니 부상에 이어 1월 말에는 발목 부상을 당하며 시즌 아웃이 되고 만 것이다. 네 명의 센터백 중에 셋. 그것도 유망주 한 명만을 남겨두고 모두 시즌 아웃 부상을 당하는 상황까지 상상하고 대비하는 팀은 세상 어디에도 없을 것이다. 겨울 이적 시장이 열렸지만 시즌 도중에 주전급 센터백을 영입하기는 불가능에 가까웠고, 이적 시장 마감일이 돼서야 샬케로부터 스무 살 유망주 수비수 오잔 카박을 임대로 데려올 수 있었다.

리버풀은 도저히 수습이 불가능한 상태였다. 19세 유망주 리스 윌리엄스까지 1군으로 끌어올려 필립스, 카박, 윌리엄스로 어떻게든 세 명의 전문 센터백을 갖추는 게 최선이었다. 수비형 미드필더인 파비뉴와 헨더슨까지도 내려서 기용하다 보니 리버풀은 거의 매 경기 다른 센터백 조합을 꾸리는 상황이었다. 중원에 믿음직한 '보디가드'가 사라지자 다른 미드필더들도 공격적으로 활약하기가 어려웠다. 시즌 중반에는 파비뉴도 쓰러져 한 달 이상 자리를 비웠다. 그리고 2월 에버턴 원정에서 헨더슨마저 사타구니 부상을 당하며 결국 수술대에 올라 시즌을 일찌감치 마감했다.

이 시기 리버풀의 고난을 보여 주는 결과가 바로 프리미어 리그 홈 경기 6연패다. 1월 말부터 3월 초까지 번리, 브라이튼, 맨체스터 시티, 에버턴, 첼시, 풀럼에 연달아 패했다. 이 여섯 경기에서 리버풀의 득점은 살라의 페널티킥 골 단 하나였다. 팬들이 없는 안필드 구장에서 리버풀 선수들은

그야말로 홀로 걷는 기분이었을 것이다. 리버풀은 얼마 전까지만 해도 홈에서 공식 대회 68경기 연속 무패라는 구단 신기록을 세운 팀이었다. 시기가 시기다 보니 경기장 밖에서의 고통도 상당했다. 2월에 클롭 감독은 모친상을 당하고도 국가 간 이동 제한 때문에 장례식조차 참석할 수 없었다. 알리송은 뜻밖의 사고로 아버지를 잃었다. 풀럼에 패한 시점에 리버풀의 순위는 8위였다. 마치 클롭 감독이 도르트문트에서 보냈던 마지막 시즌을 떠올리게 한다는 분석과 함께 리버풀에서도 클롭의 지도력이 효력을 다해가는 것은 아닌가 하는 의문까지 제기될 정도였다. 클롭 자신도 이 시기를 20년 감독 경력에서 가장 힘든 시기라고 인정했다.

그사이 FA컵에서는 첫 상대 아스톤 빌라가 1군 훈련장 코로나 감염의 영향으로 23세 이하 팀을 내보낼 수밖에 없는 초유의 상황이 벌어져 손쉽게 승리를 거뒀으나, 다음 라운드 맨체스터 유나이티드 원정에서는 전력 공백을 극복하지 못하고 2-3으로 패해 탈락했다. 챔피언스 리그 16강에서는 파비뉴가 수비진에서 든든한 활약을 펼친 한편 살라와 마네가 상대의 실수를 놓치지 않고 골을 터트리며 RB 라이프치히를 1, 2차전 모두 2-0으로 제압하고 8강에 진출해 일말의 희망을 안겼다. 최악의 상황에서도 유연한 대처로 다시금 경기력을 끌어올리는 클롭 감독의 지도력은 찬사를 받아 마땅했다.

시즌을 무사히 마치기만 해도 박수를 받을 만한 상황에서 리버풀은 기적과 같은 반전을 꿈꾸기 시작했다. 반등의 시작은 파비뉴의 수비형 미드필더 복귀였다. 클롭

마무리로 두 골을 터트리며 리버풀에 3-0 승리를 안겼다. 아스널에 이렇다 할 득점 기회조차 허용하지 않은 압도적인 경기였다. 울버햄튼과 아스널, 아스톤 빌라를 상대로 거둔 3연승 덕분에 리버풀은 다시금 4위권 진입을 바라볼 수 있는 위치로 올라섰다. 1위 맨체스터 시티는 멀리 달아나 있었지만 2위부터 세 자리를 두고는 시즌 막바지까지 경쟁을 해 봐야 하는 상황이었다.

챔피언스 리그에서는 아쉽게도 수비진의 경험 부족이 발목을 잡고 말았다. 레알 마드리드와의 8강 1차전 원정 경기에서 수비 뒤쪽 공간으로 한 번에 날아온 긴 패스를 막지 못해 비니시우스 주니오르에게 선제 실점을 허용했고, 알렉산더-아놀드의 클리어링 실수까지 나오며 마르코 아센시오에게 추가 실점을 내주고 말았다. 리버풀도 반격에 나서 살라가 집념의 만회 골을 터트렸으나, 비니시우스에게 또다시 실점해 1-3 패배를 당했다. 승기를 잡은 레알 마드리드는 2차전 리버풀 원정에서 단단한 수비와 티보 쿠르투아 골키퍼의 선방으로 0-0 무승부를 이끌어내며 리버풀을 탈락시켰다. 리버풀은 프리미어 리그의 시즌 마무리가 너무나도 중요했기에 실망하고 있을 틈도 없었다. 부상의 악몽은 시즌 막바지까지도 리버풀을 괴롭혔다. 나다니엘 필립스가 햄스트링 부상으로 빠진 사이 파비뉴가 수비진으로 내려가자 또다시 경기 장악에 어려움이 발생했다. 그 결과 리즈, 뉴캐슬을 상대로 초반에는 주도권을 잡으며 앞서가다가 후반 들어 반격을 허용한 끝에 경기 종료 직전 동점 골을 내주며 두 경기 모두 1-1 무승부를 기록했다. 시즌 종료까지 다섯 경기를 남겨 둔 상태에서 4위 첼시에 승점 4점 차로 뒤처지면서 리버풀의 다음 시즌 챔피언스 리그 진출 희망에는 빨간불이 켜졌다. 뉴캐슬전 이후 2주 만에 열린 사우샘프턴과의 홈 경기에서는 필립스가 부상에서 돌아와 또다른 유망주 리스 윌리엄스와 센터백을 구성했고, 파비뉴는 수비형 미드필더 자리로 복귀했다. 그러자 승리도 다시 따라왔다. 이 경기의 쐐기 골이자 자신의 리버풀 데뷔 골을 터트린 미드필더 티아고는 "현실적으로 4위권 진입 가능성이 작지만, 작은 기적을 만들기 위해 싸울 겁니다. 승점 3점을 땄다는 게 중요하고 이번 경기는 우리가 지배하면서 많은 득점 기회를 만들었습니다."라며 팀의 전력에 자신감을 나타냈다.

이어진 경기는 맨체스터 유나이티드 원정이었다. 올드 트래포드는 2014년 3월 이후로 리버풀이 승리를 거둔 적 없는 경기장이었기에 긴장감은 어느 때보다 높았고,

감독은 팀의 중심을 잡아줄 선수가 파비뉴라고 판단했고, 센터백은 경험이 부족하지만 팀을 돕겠다는 의지만큼은 강했던 필립스와 카박 듀오로 구성했다. 그리고 이 판단은 적중했다. 파비뉴가 중원과 수비진을 보호하기 시작하자 프리미어 리그와 리버풀 적응에 어려움을 겪던 신입 미드필더 티아고 알칸타라의 경기력도 한결 좋아져 바이에른 뮌헨에서 펩 과르디올라 감독의 총애를 받던 미드필더다운 클래스를 보여 주기 시작했다. 경기 조율, 전환 패스, 침투 패스까지 뛰어난 티아고의 지휘 아래 리버풀의 공격이 살아났다.

확실한 전환점이 된 것은 아스널 원정이었다. 파비뉴가 중원을 완전히 장악한 가운데, 알렉산더-아놀드가 맹활약을 펼치며 득점 기회를 만들어 냈고, 조타가 정확한

경기 시작 10분 만에 브루누 페르난데스에게 선제 골을 내주면서 쉽지 않은 전개가 됐다. 그러나 리버풀의 반격은 대단했다. 조타가 문전 혼전 상황에서 잡은 기회를 놓치지 않고 동점 골을 터뜨렸고, 이어서 알렉산더-아놀드의 크로스와 슈팅을 피르미누가 연달아 골로 연결하면서 순식간에 승부를 3-1로 뒤집었다. 이후 마커스 래시포드에게 만회 골을 허용했으나, 경기 막바지 동점을 노리고 올라온 상대에게 완벽한 역습을 선보이면서 살라가 쐐기 골을 넣어 4-2의 승리를 거뒀다.

까다로운 원정 길에서 승리를 거두고 상승세를 만들었으니 다음 경기는 수월해 보였다. 상대 팀 웨스트 브롬은 이미 강등이 확정된 상태라 동기부여도 없었다. 그런데 경기 흐름이 이상하게 꼬여 갔다. 전반 15분 만에 리스 윌리엄스가 전진했다가 노출한 수비 뒤쪽 공간으로 상대 공격수 할 롭슨-카누가 빠져 들어가 손쉽게 선제 골을 터뜨리며 리버풀을 곤경에 몰아넣었다. 이후 전반 33분 살라가 동점 골을 터뜨리자 리버풀은 안도의 한숨을 내쉬었으나, 문제는 다른 공격수들의 결정력이 시즌 막바지까지도 살아나지 않았다는 데 있었다. 기회가 충분히 있었음에도 리버풀의 슈팅은 번번이 골문을 벗어나거나 골대를 때렸다. 시간은 야속하게 흘러 후반 추가 시간 5분이 됐고, 리버풀의 마지막 코너킥 하나로 경기는 막을 내리기 직전이었다.

바로 그때 알리송 골키퍼가 골문을 비우고 상대 진영으로 올라갔다. 그리고 알렉산더-아놀드가 찬 코너킥을 감각적인 헤더로 연결해 먼 쪽 골문 안으로 꽂아 넣으면서 기적과 같은 역전 결승골을 터뜨렸다. 리버풀의 골키퍼가 공식 경기에서 골을 터뜨린 건 1892년 이후로 처음이었다. 게다가 이 골은 너무나도 귀중했다. 만일 리버풀이 그대로 비겼다면 시즌 종료를 두 경기 남겨 두고 3위 레스터 시티에 5점 차, 4위 첼시에 3점 차로 뒤처져 희망이 꺾이는 상황이었는데 귀중한 2점을 더 추가하면서 마지막까지 포기하지 않을 수 있었다.

알리송은 경기 후 인터뷰에서 "상대 수비를 한 명 유인해 동료들을 도우러 올라간 건데 아무도 저를 막지 않더군요. 때로는 설명할 수 없는 일들이 일어나곤 하죠. 신께서 제 머리에 손을 얹으신 것 같아 축복받은 기분입니다. 제가 기억하는 순간부터 저는 늘 아버지와 함께 축구를 해 왔습니다. 아버지가 이 골을 보셨으면 좋았을 텐데, 분명 신과 함께 기뻐하고 계실 겁니다."라며 벅찬 감정을 숨기지 않았다.

구단 역사에서 한 번 있을까 말까 한 감격적인 순간을 경험한 리버풀을 남은 두 경기에서 막을 수 있는 건 없었다. 리버풀은 번리를 3-0, 크리스탈 팰리스를 2-0으로 완파하고 임무를 완수했다. 3위에 올라 있던 레스터 시티가 마지막 두 경기에서 모두 패해 미끄러지고, 4위였던 첼시 또한 1승 1패를 기록하며 리버풀은 3위로 시즌을 마무리할 수 있었다. 클롭 감독 부임 이후 가장 힘들었던, 그러나 어쩌면 가장 위대했던 시즌이었다.

리버풀의 믿음직한 등대 파비뉴

2020/21시즌 리버풀을 최악의 위기에서 구해 낸 선수는 바로 파비뉴였다. 시즌 초반 판 다이크가 부상으로 이탈한 이후부터는 이전 소속팀인 모나코에서 맡았던 센터백 역할로 돌아가 묵묵하게 팀에 필요한 몫을 해냈고, 반등이 필요하던 시즌 막바지에는 다시 수비형 미드필더 자리로 복귀해 그 포지션에서 세계 최고 수준이 어떤 것인지를 증명하는 활약을 펼쳤다. 리버풀은 프리미어 리그 마지막 10경기에서 8승 2무를 기록했는데, 8승은 파비뉴가 미드필더로 뛸 때 거둔 것이고 2무는 센터백으로 뛸 때 거둔 성적이었다.

그만큼 리버풀의 중원에서 파비뉴의 존재는 핵심적이었다. 펩 린데르스 리버풀 코치는 파비뉴를 팀의 '등대'라고 표현했는데, 이는 팀 전체가 전진해서 수비를 펼치며 혼란스럽게 보일 정도로 움직이는 리버풀에서 파비뉴가 구심점이자 위치 선정의 기준이 되어 준다는 의미다. 공격 시에는 양쪽 풀백인 로버트슨과 알렉산더-아놀드 모두가 적극적으로 올라가기 때문에 상대가 리버풀의 전방 압박을 이겨 내는 순간 수비형 미드필더와 두 센터백만이 역습을 저지해야 하는 중대한 임무를 맡게 된다. 그리고 민첩하면서도 침착한 파비뉴는 이 임무를 해내는 데 최적의 선수라고 할 수 있다.

파비뉴는 "늘 수비형 미드필더로 뛰는 걸 좋아했습니다. 경기에 많이 관여하면서 빌드업에 중요한 역할을 할 수 있으니까요. 수비에서도 항상 경계하며 팀을 도와야 하죠. 공을 잡을 때는 최대한 침착하게 플레이 하려고 하지만, 그렇다고 느려져서는 안 됩니다. 리버풀은 최대한으로 강하고 빠르게 압박을 가하는 팀이기 때문에 신체적으로도 다른 동료들만큼 빠르게 뛸 수 있도록 준비가 돼 있어야 합니다."라고 자신의 역할을 설명했다.

파비뉴는 클롭 감독의 구상에서 너무나도 중요한 존재였기 때문에 2018년 여름 리버풀에 입단한 이후로 어떤 선수보다 더 철저한 준비 기간을 거쳐 주전 자리를 차지하게 됐다. 풀백까지 소화할 정도로 빠른 발, 누구보다 먼저 위험을 감지하는 경기와 전술 이해도, 강력한 태클과 중거리 슈팅 능력까지. 파비뉴는 클롭에게 필요한 모든 능력을 갖춘 미드필더였다. 파비뉴가 리버풀에 완전히 적응을 마치자 챔피언스 리그와 프리미어 리그 우승이 연달아 나온 것은 결코 우연이 아니다. AS 모나코에서도 리그1 우승을 차지했고 유망주 시절 레알 마드리드에서 프로 데뷔를 했을 정도로 화려한 경력을 보유한 파비뉴지만, 어릴 때부터 최고의 무대를 꿈꾼 것은 아니었다. 플루미넨시에서는 1군에 딱 한 번 호출됐으나 경기에 출전하지는 못했고, 자신의 재능에 확신이 없던 18세의 파비뉴는 우선 프로 선수가 되어 가족의 생계를 책임지기 위해 브라질의 2부 리그 팀과 계약을 추진할

FABINHO
챔피언스 리그 올해의 팀 *2021/22*

2020 2021

16승 8무 6패 / 56득점 32실점 / 1.9경기당 승점 1.9득점 -1.1실점

4승 1무 3패 / 12득점 10실점 / 1.6경기당 승점 1.5득점 -1.3실점

2020 / 2021

정도였다. 그러나 그로부터 두 달 만에 파비뉴는 포르투갈의 히우 아베와 입단 계약을 체결한 뒤 레알 마드리드로 임대되는 큰 변화를 겪게 됐다. 비록 1군에서의 출전 기회는 한 번뿐이었지만, 파비뉴는 이때부터 늘 준비가 돼 있는 성실한 태도로 높은 평가를 받았고 결국 이듬해 모나코의 유니폼을 입으며 본격적인 프로 생활을 시작했다. 레알 마드리드 유소년 팀 코치들은 1군 진입 기회가 있을 것이라며 잔류를 제안했지만, 파비뉴는 더 많은 출전 기회를 위해 모나코 이적을 감행했다.

모나코 생활은 성공적이었다. 라이트백 포지션에 자리를 잡은 파비뉴는 긴 다리에 빠른 스피드, 강력한 몸싸움 능력까지 갖추고 있어 브라질 국가대표 선배인 마이콘과 같은 세계적인 풀백으로 성장하리라는 기대를 받았다. 수비형 미드필더 역할도 소화하긴 했지만 그건 어디까지나 '겸업' 수준이었다. 그러다 2016년에 파비뉴의 운명을 바꾼 것은 바로 레오나르도 자르딤 감독이었다. 자르딤은 파비뉴가 세계 최고 수준의 수비형 미드필더가 될 자질이 충분하다며 새로운 시즌에는 그를 주전 미드필더로 기용하겠다고 선언한 것이다. 파비뉴조차 처음에는 의구심이 들었지만 결국에는 감독을 믿고 따르기로 했고, 결국 자르딤 감독의 예측은 현실이 됐다. 파비뉴는 베르나르두 실바, 토마 르마, 주앙 무티뉴, 킬리앙 음바페 등과 함께 최고의 전력을 구성하며 리그1 우승과 챔피언스 리그 준결승 진출이라는 큰 성공을 거뒀다. 언제나 프로답고 냉정한 태도로 자신의 행보를 택해 온 파비뉴의 다음 행선지는 바로 리버풀이었다. 맨체스터 유나이티드를 비롯해 여러 프리미어 리그 구단들이 그의 행보를 주시했지만, 클롭 감독의 비전과 자신의 역할에 대한 설명을 듣는 리버풀 이적으로 마음을 굳혔다고 한다. 리버풀 생활은 파비뉴에게도 특별했다. 거리에서 팬들이 새로운 가족을 맞이하듯 파비뉴를 환영해 줬고, 안필드 경기장의 분위기는 이전까지 선수로서 경험해 본 적 없을 만큼 열광적이었다. 팬들의 헌신적인 응원에 파비뉴와 리버풀은 챔피언스 리그와 프리미어 리그 우승으로 보답했다. 영광의 순간에도 위기의 순간에도, 그 한가운데에 바로 '등대' 파비뉴가 서서 리버풀이 가야 할 길을 비추고 있었다.

파비뉴는 오랫동안 리버풀 중원의 보험과 같은 존재였습니다.
팀이 자유롭게 멋진 축구를 하도록 기반을 마련해 준 선수죠.
발전을 거듭하면서 팀의 버팀목이 되어 굳은 일을 도맡아 해 왔습니다.
두 풀백들이 모두 위로 올라가고, 공격수들과 미드필더들도 어디로든 뛰어갈 때도 저는 파비뉴와 두 센터백을 보면서 만일 공을 빼앗기더라도 상황을 정리할 수 있겠다고 생각할 정도였어요.
파비뉴의 존재감은 엄청났습니다.

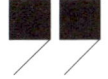

_ 클롭 감독이 파비뉴에 대해

RECORD

---------- 파비뉴 출전 시

---------- 파비뉴 결장 시

2021 2022

사상 첫 쿼드러플을 꿈꾸다

디펜딩 챔피언 자격으로 참가하는 이벤트성 대회를 제외하면 잉글랜드 1부 리그 팀이 매 시즌 우승에 도전할 수 있는 최고 수준 대회는 프리미어 리그, FA컵, 리그컵, 챔피언스 리그까지 네 개다. 이 모두에서 우승을 차지하는 '쿼드러플'은 거의 비현실적인 일이다. 팀의 전력이 아무리 좋더라도 치러야 할 경기가 너무 많다 보니 어디서든 위기가 발생할 수 있기 때문이다. 2021/22시즌의 리버풀이 이 꿈에 가장 근접한 팀이 되리라고 예상한 사람은 많지 않았다.

여름 이적 시장은 조용하게 보낸 편이지만 가장 보강이 시급했던 센터백 포지션에는 영입이 이뤄졌다. 22세의 젊은 수비수 이브라히마 코나테를 영입해 이전 시즌 부상 악몽에 시달렸던 센터백 포지션에 안정감을 더했다. 코나테는 장기적으로도 판 다이크의 파트너로 성장할 수 있는 높은 잠재력을 가진 선수였고, RB 라이프치히에서 전진 수비를 충분히 경험해 봤기 때문에 리버풀의 투자는 현명했다. 위기 상황에서 리버풀을 도왔던 유망주들인 나다니엘 필립스, 리스 윌리엄스는 임대를 떠나 경험을 쌓는 쪽을 선택했다.

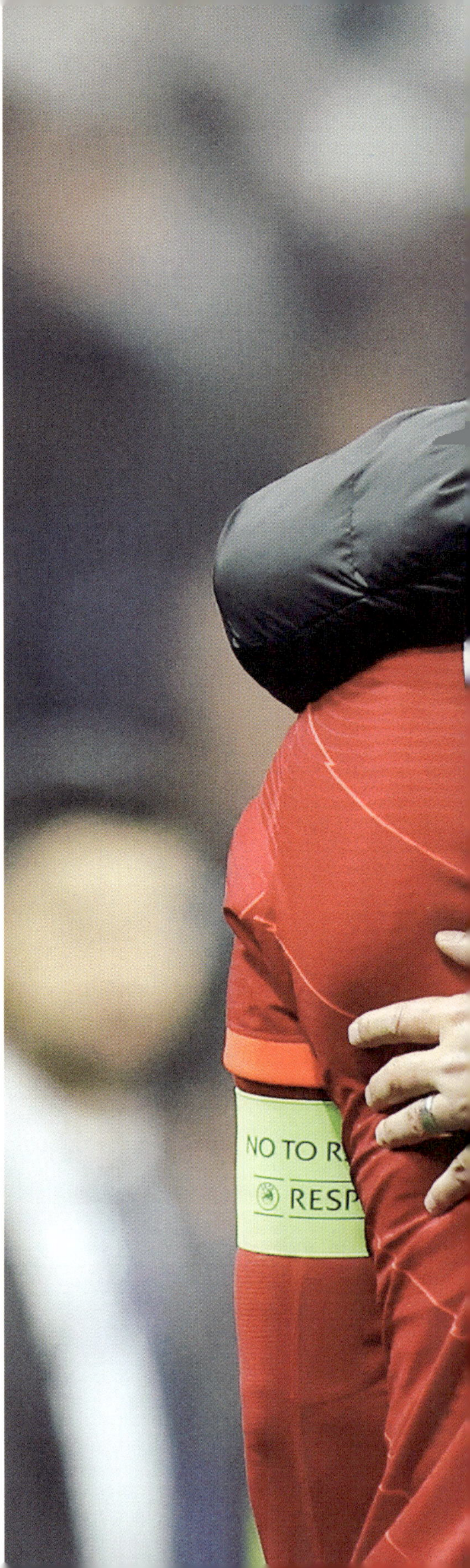

2021 - 2022

BEST 11

Diogo
JOTA
디오구 조타

Sadio
MANE
사디오 마네

Mohamed
SALAH
모하메드 살라

Thiago
ALCANTARA
티아고 알칸타라

Fabinho
FABINHO
파비뉴

Jordan
HENDERSON
조던 헨더슨

Andrew
ROBERTSON
앤드류 로버트슨

Virgil
VAN DIJK
버질 판 다이크

Joel
MATIP
조엘 마팁

Trent
ALEXANDER-ARNOLD
트렌트 알렉산더-아놀드

Alisson
BECKER
알리송 베케르

리버풀은 2019/20시즌 압도적인 우승을 차지했던 만큼 정상적인 전력만 회복한다면 언제라도 다시 우승 후보로 꼽힐 수 있었지만, 장기 부상에서 돌아오는 주전 선수들의 기량이 예전만큼 뛰어날지에 대한 확신이 없었기 때문에 기대보다는 불안이 더 컸다. 판 다이크는 프리 시즌 평가전까지만 해도 완벽한 몸 상태가 아니었다. 조르지뉴 바이날둠이 떠난 중원의 빈자리 또한 부상이 잦은 티아고 알칸타라, 나비 케이타, 옥슬레이드-체임벌린이 잘 메울 수 있을지 의문이었다. 세 선수 모두 바이날둠만큼의 기동력이나 수비력을 갖추지 못한 것도 걱정스러운 부분이었다.

승격 팀 노리치 시티를 상대한 개막전에서부터 우려는 단번에 기대로 바뀌었다. 경기 초반 몇 차례 노리치가 리버풀의 수비 뒤쪽 공간을 노렸던 장면을 제외하면 판 다이크와 조엘 마팁 모두 장기 부상의 여파가 보이지 않는 활약으로 수비진을 이끌었고, 살라가 1골 2도움을 올리는 맹활약을 펼쳐 리버풀에 3-0 승리를 안겼다. 다음 경기는 528일 만에 안필드 경기장에 만원 관중이 들어찬 번리전이었다. 힐스보로 참사의 여파로 우울증에 시달리다 한 달 전에 세상을 떠난 앤드류 드바인 씨에 대한 추모가 이뤄진 가운데, 리버풀은 2-0으로 또다시 무실점 승리를 거두며 좋은 흐름을 이어 갔다.

첼시전에서는 상대의 퇴장에도 수적 우위를 살리지 못한 채 1-1로 비기고 피르미누마저 부상을 당해 아쉬운 결과를 낳았지만, 피르미누의 공백은 조타가 충분히 메울 수 있었다. 조타와 마네 모두 중앙과 왼쪽 측면을 오가며 좋은 활약을 펼쳤다. 중원에는 티아고 알칸타라와 나비 케이타, 유망주인 커티스 존스와 하비 엘리엇까지 두각을 나타내면서 리버풀은 리즈, AC 밀란(챔피언스 리그), 크리스탈 팰리스, 노리치(리그컵)를 상대로 네 경기 연속 3득점씩 올리는 승리를 거두며 시즌 초반부터 우승 후보다운 면모를 보이기 시작했다. 브렌드포드 원정에서도 세 골을 터트렸지만, 예상 밖으로 강한 상대의 반격에 3-3 무승부를 거두며 무패 행진을 이어 가는 데 만족해야 했다. 여전히 리버풀이 맨체스터 시티에 1점 차로 앞선 선두를 달리고 있었다. 챔피언스 리그 포르투 원정에서 5-1 대승을 거두고 돌아와 치르는 다음 경기는 맨체스터 시티와의 홈 맞대결이었다.

리버풀은 내용에서 다소 밀리면서도 실점은 허용하지 않은 채 0-0으로 전반을 마쳤고, 후반 들어 살라가 마법을 발휘하며 1골 1도움을 올리는 활약을 펼쳤다. 후반 14분에는 오른쪽 측면 하프라인 부근에서 패스를 이어받은 뒤 홀로 상대 진영을 돌파해 들어가다가 마네에게 침투 패스를 연결했고, 마네가 침착한 마무리로 리버풀에 선제골을 안겼다. 득점 10분 만에 필 포든에게 동점 골을 허용했으나, 살라가 또다시 그로부터 7분 만에 골을 터뜨렸다. 상대 페널티 지역 오른쪽 바깥에서부터 춤을 추는 듯한 드리블 돌파로 무려 세 명의 맨체스터 시티 수비를 따돌리고 들어간 살라는 박스 안에서 자신을 막아서는 두 명의 선수를 더 따돌린 뒤에 각도가 크지 않았는데도 반대쪽 골문을 향해 절묘한 오른발 슈팅을 날려 골망을 흔들었다. 슈팅을 막으려 몸을 날린 최종 수비수와 골키퍼까지 합하면 무려 일곱 명의 선수를 혼자 힘으로 뚫어 낸 슈퍼 플레이였다. 안필드는 그야말로 열광의 도가니였다. 그러나 이날 맨체스터 시티는 저력을 발휘하며 리버풀에 맞섰고, 또다시 실점 5분 만에 케빈 더 브라위너가 동점 골을 터뜨리면서 승부는 2-2로 마무리됐다.

뜨겁게 달아오른 리버풀의 공격력은 식을 줄을 몰랐다. 왓포드 원정에서는 피르미누가 해트트릭을 기록한 가운데 5-0 대승을 거뒀고, 챔피언스 리그에서는 끈끈한 수비의 대명사이자 이전 시즌 리버풀에 16강에서 탈락의 아픔을 안겼던 아틀레티코 마드리드 원정에서도 세 골을 넣으며 3-2로 승리했다. 백미는 맨체스터 유나이티드 원정이었다. 리버풀은 살라의 해트트릭을 앞세워 후반 5분 만에 5-0 리드를 잡아 맨체스터 유나이티드 팬들을 일찌감치 집으로 돌려보냈다. 리버풀의 다섯 골에 모두 도움을 기록한 선수가 있을 정도로 팀 플레이 면에서 완벽한 승리였고 무실점까지 기록했기에 리버풀이 프리미어 리그 정상에 올랐던

2019/20시즌의 위상을 되찾았다는 평가가 잇따랐다. 이어진 프레스턴 노스 엔드와의 리그컵 16강에서는 대대적인 로테이션을 가동하면서도 2-0 승리를 가져왔다. 공격도 수비도 완벽해 보였지만 이변은 예상하지 못한 시점에 찾아왔다. 문제는 중원이었다. 심각한 부상을 당한 선수는 없었지만 파비뉴, 티아고, 케이타 등 미드필더들에게 부상이 집중되자 리버풀의 경기력은 흔들렸다. 브라이튼과의 홈 경기에서 전반 24분 만에 두 골 차로 앞서 나갔음에도 시종일관 상대에게 위험한 기회들을 내준 끝에 2-2 무승부를 기록했고, 클롭 감독은 "마치 패배한 것 같은 느낌"이라는 표현으로 실망을 숨기지 못했다. 챔피언스 리그에서는 알렉산더-아놀드의 2도움 활약을 앞세워 아틀레티코 마드리드를 2-0으로 가볍게 제압하고 일찌감치 16강 진출을 확정 지었으나, 프리미어 리그에서 결국 시즌 첫 패배가 찾아왔다. 웨스트햄 원정에서 코너킥으로만 두 골을 실점한 끝에 2-3으로 패한 것이다. 이 패배로 리버풀은 첼시, 맨체스터 시티, 웨스트햄에 밀려 4위로까지 순위가 하락하고 말았다.

A매치 휴식기를 통해 재정비를 마친 리버풀은 곧 원래의 모습을 되찾았다. 아스널과의 홈 경기에서는 압도적인 경기력으로 4-0 승리를 거뒀는데, 상대 골키퍼의 활약이 없었다면 여섯 골 이상도 기록할 수 있는 경기였다. 이 승리를 포함해 사우샘프턴, 에버턴, 울버햄튼, 아스톤 빌라, 뉴캐슬까지 연달아 꺾으며 6연승을 내달린 리버풀은 이 기간 17득점 3실점을 기록하며 17라운드까지 골득실 +35를 기록하는 기염을 토했다. 그러나 여전히 맨체스터 시티(승점 41, 골득실 +31)의 승점이 리버풀보다 1점 많았다. 그사이 챔피언스 리그에서는 남은 조별 리그 두 경기에서 부분 로테이션을 가동하면서도 승리를 거두며 6전 전승으로 16강에 진출했다.

JUERGEN KLOPP

리버풀의 질주를 막아선 것은 다름 아닌 코로나였다. 판 다이크, 파비뉴, 티아고가 코로나 확진으로 빠진 상태에서 토트넘 원정을 치르게 된 것이다. 두 팀 모두 코로나의 여파로 정상적인 훈련을 진행하지 못한 가운데 경기 당일 아침까지도 어떤 선수가 출전할 수 있을지 확신이 없는 상태에서도 경기는 강행됐고, 전력 공백의 타격은 토트넘보다 리버풀에 더 컸다. 결국 리버풀은 이 경기에서 2-2로 비기며 승점 2점을 잃은 동시에 로버트슨이 거친 태클로 퇴장을 당해 전력에도 손실을 입고 말았다.

이어진 레스터 시티 원정 2연전도 쉽지 않았다. 먼저 리그컵 8강 맞대결에서는 전반에만 3실점을 허용하며 1-3으로 뒤처져 패색이 짙었으나, 후반 교체로 투입된 조타의 활약과 후반 추가 시간 5분에 터진 미나미노 다쿠미의 극적인 동점 골로 무승부를 기록한 뒤 승부차기에서 5-4로 승리하며 가까스로 준결승에 합류했다. 이어진 프리미어 리그 맞대결에서는 최악의 결과가 나오고 말았다. 살라가 페널티킥 실패를 비롯해 여러 차례 득점 기회를 놓친 끝에 단 하나의 유효슈팅을 기록한 상대에게 0-1로 패하고 만 것이다.

2022년 첫 경기인 첼시 원정에는 클롭 감독과 린데르스 코치마저 코로나 확진으로 동행하지 못했고, 리버풀은 경기 초반 마네와 살라의 연속 골로 2-0 리드를 잡았음에도 미숙한 경기 운영으로 클롭 감독의 공백을 뼈저리게 절감하며 끝내 2-2 무승부에 만족해야 했다. 그 결과 리버풀은 한 경기를 더 치른 맨체스터 시티에 승점 11점 차로 뒤처지는 한편 살라, 마네, 케이타가 아프리카 네이션스컵 참가를 위해 잠시 대표팀으로 떠나야 했기 때문에 프리미어 리그 우승의 희망은 사실상 사라진 것처럼 보였다.

그렇지만 리버풀은 위기의 순간에 더욱 단결하고 집중했다. 그리고 리버풀은 살라와 마네가 빠진 프리미어 리그 네 경기에서 브렌트포드, 크리스탈 팰리스, 레스터, 번리를 연달아 꺾으며 추격의 불씨를 되살렸다. 네 경기에서 실점은 하나뿐이었고, 수비형 미드필더인 파비뉴가 무려 세 경기에서 골을 터트리는 맹활약을 펼쳤다.

FA컵에서는 하부 리그 팀인 슈루즈버리 타운과 카디프 시티를 만나 연달아 낙승을 거뒀지만, 아스널을 상대한 리그컵 준결승 1차전에서는 마침내 살라와 마네의 공백을 절감했다. 상대 미드필더 그라니트 자카가 전반 24분 만에 퇴장 당해 수적 우세를 65분 이상 유지했음에도 홈에서

0-0으로 비긴 것이다. 경기 막바지에는 미나미노가 빈 골대에 골을 넣지 못하는 아쉬운 장면을 연출하기도 했다. 다행히 2차전에서는 조타가 멋지게 두 골을 터트리면서 리버풀에 2-0 승리를 안기고 팀을 결승으로 이끌었다. 되살아난 분위기에 살라와 마네가 돌아오자 리버풀은 날개를 달았다. 1월 이적 시장에서 토트넘을 따돌리고 영입한 측면 공격수 루이스 디아스도 곧바로 인상적인 활약을 펼쳤고, 노리치 시티와의 맞대결에서는 세 공격수가 나란히 골을 터트리며 리버풀에 3-1 역전승을 안겼다. 같은 날 열린 경기에서 맨체스터 시티가 토트넘에 2-3으로 패했고, 한 경기를 덜 치른 상태였던 리버풀은 이어진 경기에서 리즈를 무려 6-0으로 대파하며 맨체스터 시티와의 승점 차이를 3점까지 좁힐 수 있었다. 두 팀의 후반기 맞대결이 남아 있었고 리버풀이 골득실에서 +50으로 +46의 맨체스터 시티보다 앞서 있었기 때문에 자력 우승까지도 가능한 상황이 됐다. 리버풀은 프리미어 리그 26경기 만에 70골을 터트려 이전 시즌 기록인 68골을 넘어섰다.

물오른 공격력으로 맞이한 리그컵 결승. 상대는 전략가 토마스 투헬 감독이 이끄는 첼시였다. 리그컵은 주로

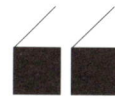

리버풀 외부에 있는 사람들에게
우승 가능성을 믿어 달라고
설득할 필요는 없습니다.
믿고 싶은 사람은 믿는 거죠.

다만 우리와 함께하신다면
우승을 향해 전력을 다하는 여정을
즐기실 수 있을 겁니다.
최대한 노력할 준비는 돼 있습니다.

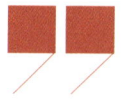

유망주들에게 기회를 주는 대회이긴 하지만 우승 트로피가 눈 앞에 있는 상황이라 두 팀 모두 주전들이 출격했다. 다만, 클롭 감독은 결승까지 팀을 이끈 켈러허 골키퍼의 공헌을 고려해 켈러허에게만은 출전 기회를 줬다. 그리고 그 선택은 뛰어난 활약으로 보답을 받았다. 두 팀 모두 여러 득점 기회를 놓치고 0-0으로 승부를 마무리한 뒤 맞이한 승부차기. 첼시는 연장 후반 종료 직전에 에두아르 멘디 골키퍼를 케파 아리사발라가로 교체하며 승부차기에 대비했으나, 리버풀은 그대로 켈러허 골키퍼를 믿고 갔다. 승부차기에서 두 팀은 10명의 필드 플레이어가 모두 성공하는 긴장감 넘치는 대결을 이어 갔고, 승부는 두 골키퍼 켈러허와 케파의 맞대결에 달려 있었다. 먼저 키커로 나선 켈러허가 침착하게 성공한 반면 첼시의 케파는 허무한 킥으로 공을 골대 위로 날려보내고 말았다. 승부차기 11-10 승리로 리버풀의 2021/22시즌 첫 우승이 확정되는 순간이었다.

챔피언스 리그에서는 조 1위로 16강에 올랐음에도 이탈리아 챔피언 인테르를 만나 까다로운 경기를 펼쳐야 했다. 1차전 원정 경기에서 상대의 공세에 시달리면서도 잘 버틴 리버풀은 교체 투입된 피르미누가 후반 30분 헤더 결승골을 터트리고, 그로부터 8분 뒤에 살라가 추가 골을 터트리며 승기를 잡았다. 2차전 홈 경기에서는 1차전보다 나은 경기를 펼치고도 공격 마무리에서 실수를 거듭했고, 후반 16분 라우타로 마르티네스에게 추격 골을 내주며 위기에 몰리기도 했다. 그러나 곧바로 후반 18분에 인테르 공격수 알렉시스 산체스가 경고 누적으로 퇴장 당하면서 리버풀은 남은 시간 한 골 차 리드를 편안하게 지키고 8강 진출을 확정 지을 수 있었다.

프리미어 리그에서도 순항이 이어졌다. 경기력에 기복이 생기는 경우도 있었지만, 철통 같은 수비를 펼쳐 웨스트햄, 브라이튼, 아스널, 왓포드를 상대로 연달아 무실점 승리를 거뒀다. 디아스는 공격은 물론이고 수비에서도 리버풀의 압박 시스템에 빠르게 적응하며 클롭 감독으로부터 "장갑처럼 꼭 맞는 선수"라는 칭찬을 이끌어 냈다. 그리고 4월 중반이 되어 시즌의 명운이 걸린 맨체스터 시티와의 2연전이 기다리고 있었다. 맨체스터 시티는 크리스탈 팰리스와의 0-0 무승부로 승점 2점을 잃어 리버풀과의 승점 차이는 단 1점으로 좁혀졌다.

프리미어 리그 우승을 위해서는 반드시 승리가 필요한 가운데 임한 원정 맞대결. 리버풀은 긴장을 숨기지 못하는

모습이었고, 경기 시작 5분 만에 케빈 더 브라위너에게 실점을 허용하는 최악의 출발을 하고 말았다. 전반 13분에 조타가 로버트슨의 크로스에 이은 알렉산더-아놀드의 컷백 패스를 그대로 받아 넣으며 승부를 원점으로 돌렸으나, 맨체스터 시티의 우세가 이어진 끝에 전반 37분에 가브리엘 제수스가 다시 골을 터트리며 전반은 리버풀이 한 골 뒤처진 상태로 마무리됐다. 하프 타임 때 클롭 감독의 불호령을 들은 리버풀 선수들은 반격에 나섰고, 후반 시작과 동시에 살라의 절묘한 전환 침투 패스를 받은 마네가 동점 골을 터트렸다. 이후 두 팀 모두 한두 차례의 결정적인 기회를 살리지 못한 채 경기는 2-2 무승부로 막을 내렸다. 비록 순위를 뒤집지는 못하고 경기 내용에서도 확실히 앞선 것은 아니었지만, 리버풀이 우승 희망을 이어 가기에는 충분한 결과였다. 그리고 이 경기로부터 6일 뒤, 웸블리 경기장에서 또다시 리버풀과 맨체스터 시티의 맞대결이 기다리고 있었다. 이번에는 FA컵 준결승이었다.

사실 두 팀은 리그 맞대결 전후로 챔피언스 리그 8강 1, 2차전까지 치러야 하는 쉽지 않은 일정을 소화하고 있었다. 리버풀은 벤피카를, 맨체스터 시티는 아틀레티코 마드리드를 각각 따돌리면서 각자 우승 희망을 이어 오고 있었다. 프리미어 리그 맞대결에서 보여 준 수준 높은 경기 내용이나 챔피언스 리그에서의 강력한 면모를 보면 마치 두 팀만이 전 유럽에서 다른 차원에 있는 듯한 느낌을 줄 정도였다. 리버풀은 8강 1차전 벤피카 원정에서 홈 팬들의 야유에 시달린 '포르투 출신' 루이스 디아스가 1골 1도움을 기록하는 활약으로 3-1 승리를 거두며 일찌감치 승기를 잡았고, 2차전 홈 경기에서는 난타전 끝에 3-3 무승부를 기록해 합산 스코어 6-4로 승리를 거뒀다. 벤피카는 다르윈 누녜스가 두 경기 모두 골을 터트리며 추격을 노렸으나, 리버풀이 상대에게 리드를 허용한 적은 한 순간도 없었다.

쿼드러플 희망을 이어 가기 위해서는 물러설 수 없던 FA컵 준결승. 리버풀은 어느 때보다 리버풀다운 모습으로 맨체스터 시티를 난타했다. 경기 시작 9분 만에 코나테가 벤피카 원정에서처럼 또다시 코너킥에서 헤더 골을 터트렸고, 전반 17분에는 마네가 끈기 있게 상대 골문 앞까지 전방 압박을 가한 결과 골키퍼 실책을 유도해 내며 추가 골을 터트렸다. 전반 45분에는 유려한 패스 연결 끝에 티아고의 로빙 패스를 마네가 그대로 발리 슈팅으로 연결해 득점, 리버풀이 세 골 차의 리드를 잡으며 사실상 승부는 갈렸다. 맨체스터 시티가 후반 들어 반격을 시도해 두 골을 터트리긴 했으나, 두 번째 골이 나온 것은 이미 후반 추가 시간이 됐을 때였다. 오히려 리버풀도 역습에서 골에 가까운 장면이 여러 차례 나왔기 때문에 승리할 자격은 충분한 경기였다. 리버풀은 리그컵에 이어 FA컵 결승에서도 첼시와 만나 우승을 다투게 됐다.

다시 프리미어 리그로 돌아와 맨체스터 유나이티드, 에버턴, 뉴캐슬을 연달아 상대해야 하는 까다로운 일정이 기다리고 있었으나 리버풀은 이 세 경기를 모두 무실점 승리로 장식하며 고공 행진을 이어 갔다. 전반기에 5-0으로 대파했던 맨체스터 유나이티드를 상대로는 또다시 4-0의 대승을 거둬 사기가 하늘을 찔렀다. 이 승리로 리버풀은 리그 여섯 경기를 남겨 두고 최소 4위 이상의 순위를 확보하며 다음 시즌 챔피언스 리그 진출을 확정 지었다.

챔피언스 리그 준결승 상대는 유벤투스와 바이에른 뮌헨을 꺾고 올라온 '토너먼트 전문가' 우나이 에메리 감독이 이끄는 비야레알이었다. 그러나 리버풀의 질주는 이미 비야레알이 막아설 수 있는 수준이 아니었다.

1차전 홈 경기에서 리버풀은 전반을 득점 없이 마친 뒤 후반 시작과 함께 경기 템포를 끌어올리며 후반 8분과 10분에 연달아 골을 터트려 비야레알을 무너뜨렸다. 그러나 2차전 원정 경기는 생각만큼 수월하지 않았다. 경기 시작 3분 만에 추격 골을 실점한 데 이어 전반 종료 4분 전에는 동점 골까지 내주며 결승 진출이 위태로운 지경까지 몰렸다. 그러나 역시 약속의 후반전은 리버풀의 일방적인 공세가 됐다. 후반 17분부터 29분까지 12분 사이에 세 골을 몰아치며 3-2 역전에 성공한 리버풀은 리그컵과 FA컵에 이어 챔피언스 리그에서도 결승에 진출하는 기염을

토했다. 누구나 상상에서만 그리던 쿼드러플이 점차 현실로 다가오고 있었다.

그러나 리버풀에도 한계는 있었다. 프리미어 리그 14경기에서 맨체스터 시티와의 2-2 무승부를 제외하고 13승을 거둬온 리버풀이지만, 토트넘 원정에서는 승리를 거두는 데 실패했다. 리버풀이 일방적으로 공격을 퍼부었음에도 안토니오 콘테 감독이 이끄는 토트넘은 단단한 수비 조직과 크리스티안 로메로의 활약을 앞세워 좀처럼 실점을 허용하지 않았고, 오히려 역습 상황에서 후반 11분 손흥민이 해리 케인과 라이언 세세뇽의 패스를

이어받아 선제골을 터트리며 리버풀에 악몽을 선사했다. 그래도 리버풀은 포기하지 않고 공격을 거듭했고, 후반 29분 디아스의 슈팅이 수비 맞고 굴절되어 골문 안으로 들어가며 승점 1점이나마 확보할 수 있었다. 그렇지만 승점 2점을 잃은 타격은 분명히 컸다. 이제 리버풀은 남은 리그 세 경기를 모두 승리하고 맨체스터 시티가 승점을 3점 이상 잃기만을 바라야 했다. 그 사이에는 FA컵 결승까지 있었다. 한 시즌에 네 개 대회에서 모두 정상을 노린다는 건 현실적으로 이토록 힘든 일이었다.

극한의 도전을 이어 가면서도 리버풀의 정신력은 흔들리지 않았다. 이어진 아스톤 빌라 원정에서 2-1 역전승을 거뒀고, 그로부터 4일 만에 치른 FA컵 결승에서는 첼시와 0-0 무승부를 거둔 끝에 또다시 승부차기에서 한 골 차이로 6-5의 승리를 거두며 더블 우승을 차지했다. 첼시와는 시즌 네 차례 맞대결에서 모두 비겼으나 두 번의 승부차기 승리가 두 개의 우승 트로피라는 차이를 만들었다. 그러나 이 과정에서 힘든 연장 승부를 치렀고 살라, 파비뉴, 판 다이크 등 핵심 선수들이 부상을 당해 시즌 막바지 중요한 경기에서의 컨디션을 걱정케 했다.

프리미어 리그 37라운드 사우샘프턴 원정은 리버풀 선수들에게 큰 시험대였다. 맨체스터 시티가 이틀 앞서 먼저 경기를 치러 웨스트햄과 2-2 무승부를 기록하며 승점 차이를 4점으로 벌렸기 때문에 리버풀이 우승 희망을 이어 가려면 반드시 무승부 이상의 결과가 필요했다. 상대는 순위 경쟁에 큰 동기부여도 없는 하위권 팀이었지만, 리버풀은 연장까지 소화한 FA컵 결승 이후 3일 만에 다시 경기를 치러야 하는 상황이었고 부상까지 속출하고 있었다. 이에 클롭 감독은 선발 명단에 무려 아홉 명의 변화를 주는 파격을 단행했다. 이 선택은 전반 13분 선제골을 실점하는 순간까지는 잘못된 것처럼 느껴졌지만, 리버풀은 엄청난 정신력을 발휘하며 미나미노와 마팁의 골로 2-1 역전승을 거뒀다. 경기가 끝난 뒤 이미 모든 체력과 정신력이 소진된 듯한 모습의 클롭 감독은 선수들의 노력에 찬사를 보내는 것 외에는 할 수 있는 말이 없을 정도였다.

최종 라운드는 울버햄튼과의 홈 경기였다. 리버풀은 페드루 네투에게 전반 3분 만에 실점하며 세 경기 연속으로 선제골을 내주고 끌려가는 경기를 해야 했다. 더는 싸울 힘이 남아 있지 않다고 해도 이해할 수 있는 상황이었지만, 리버풀은 또다시 전반 24분 마네의 골로 동점을 만들었다. 동시간대에 진행된 경기에서 맨체스터 시티는 매튜 캐시와 필리페 쿠티뉴에게 실점하며 아스톤 빌라에 두 골 차로 뒤처져 리버풀에 희망을 주는가 싶었지만, 후반 31분부터 36분까지 5분 사이에 세 골을 몰아쳐 승부를 뒤집는 저력을 발휘하며 결국 프리미어 리그 우승을 확정 지었다. 리버풀도 끝까지 포기하지 않고 경기 막바지 살라와 로버트슨의 골로 3-1 역전승을 거뒀고, 시즌의 결과는 맨체스터 시티에 딱 승점 1점 뒤처진 2위였다. 너무나 가혹하고 불운한 결말이었지만 리버풀 팬들은 시즌 내내 모든 걸 바쳐 달려온 자랑스러운 팀을 향해 박수를 보냈다. 프리미어 리그 시즌 최종전까지 쿼드러플의 우승 희망을

이어 간 팀은 리버풀이 사상 처음이었다. 이제 길고 길었던 시즌은 마지막 한 경기, 챔피언스 리그 결승전만을 남겨 두고 있었다. 챔피언스 리그 결승 상대는 4년 전 결승에서 리버풀에 1-3 패배의 아픔을 안겼던 레알 마드리드였다. 결승에 임하면서 리버풀의 걱정은 이만저만이 아니었다. 주전 선수들의 체력 면에서도 레알보다 뒤처질 게 명백했고, 티아고 알칸타라는 하필 울버햄튼과의 프리미어 리그 최종전에서 부상을 당해 완벽한 컨디션이 아니었다. 반면에 레알은 라리가에서 네 경기를 남겨두고 일찌감치 우승을 확정 짓고 챔피언스 리그에 집중할 수 있었다. 모든 상황을 고려했을 때 리버풀의 열세가 예상되는 결승전이었다.

뚜껑을 열어 보니 경기 내용은 예상과 전혀 달랐다. 리버풀은 쉴 새 없는 공격으로 레알 마드리드를 몰아붙였다. 알리송, 알렉산더-아놀드, 코나테, 판 다이크, 로버츠슨, 헨더슨, 파비뉴, 티아고, 살라, 마네, 디아스가 구성한 선발 명단은 흠잡을 데가 없었고 교체로 투입된 조타, 케이타, 피르미누까지 모든 선수가 자신의 몫을 해냈다. 슈팅 숫자는 리버풀이 무려 23개, 레알 마드리드는 3개에 불과했고 유효슈팅은 리버풀이 9개, 레알 마드리드는 단 하나였다. 리버풀 선수들이 뛴 거리는 레알 마드리드 선수들보다 3km가 더 많았다.

그럼에도 결과는 리버풀의 0-1 패배였다. 비니시우스 주니오르의 골문 앞 쇄도가 레알 마드리드의 유일한 유효슈팅을 골로 만들었고, 리버풀이 시도한 아홉 번의 날카로운 유효슈팅은 티보 쿠르투아 골키퍼의 신들린 듯한 선방에 번번이 막혔다. 이 경기 쿠르투아의 활약은 챔피언스 리그 역사에 남을 수준이었다. 4년 전 결승에서 어깨 부상으로 눈물을 흘렸던 살라는 무려 여섯 개의 유효슈팅을 기록하고도 또다시 고개를 떨궈야 했다.

경기가 끝난 뒤 모든 걸 쏟아 낸 리버풀 드레싱룸에는 적막이 감돌았다. 그래도 클롭 감독만큼은 기운을 내야

2021 / 2022

했다. 클롭은 "지금 당장은 우리가 훌륭한 시즌을 보냈다고 느낄 선수가 없을 겁니다. 그러나 몇 시간만 지나도 생각은 달라질 거예요. 완벽하지는 않더라도 좋은 경기를 했고, 모든 선수가 전력을 다해 우리가 원하던 경기를 펼쳤습니다. 결승에 다시 돌아올 거라는 강한 느낌이 듭니다. 리버풀 선수들은 경쟁력이 있고 다음 시즌엔 굉장한 팀을 꾸릴 겁니다."라며 앞날을 기약했다.

스포츠에서는 결과가 모든 것을 말하고 승자와 패자가 명확하게 나뉘지만, 시즌 내내 무려 46승을 거두며 네 개 대회 모두에서 마지막까지 달려온 리버풀의 파란만장한 여정을 프리미어 리그와 챔피언스 리그에서의 우승 실패로만 표현할 수는 없을 것이다. FA컵과 리그컵 우승으로 클롭은 리버풀에서 차지할 수 있는 최고 수준 대회를 모두 석권하는 역사를 썼고, 팬들은 팀과 시즌 내내 함께하며 불가능하다고만 생각했던 쿼드러플을 리그 최종전까지도 꿈꿔 볼 수 있었다. 그렇지만 리버풀 선수들과 클롭 감독이 에너지를 모두 소진한 것은 사실이었다. 코로나의 여파와 부상 악몽이 이어졌던 2020/21시즌, 짜낼 수 있는 온 힘을 짜낸 2021/22시즌이 리버풀에 남긴 데미지는 분명히 존재했다. 어느덧 리버풀에서 7년을 보낸 '클롭 시대'의 종말은 시작되고 있었다.

COLUMN

KLOPP
vs
GUARDIOLA

서로를 발전시킨 최고의 라이벌
클롭 vs 과르디올라

잠을 더 잘 자겠네요.

2024년 1월, 클롭 감독이 2023/24시즌을 끝으로 리버풀을 떠나겠다고 선언한 이후 처음 열린 맨체스터 시티의 기자회견에서는 과르디올라 감독에게 질문이 쏟아졌다. 클롭이 떠난다는 것을 알게 된 과르디올라는 위의 농담으로 답변을 시작했다. 농담 이후에는 최고의 라이벌을 향한 존중의 찬사가 이어졌다.

리버풀과의 경기 전날 밤에는 늘 악몽을 꿨습니다. 클롭과 리버풀을 빼놓고는 맨체스터 시티에서 제 재임 기간도 설명할 수가 없을 정도예요. 클롭은 제 평생 최고의 라이벌입니다. 리버풀이 우리 팀에 안긴 문제점을 살펴보며 많은 고민을 해 본 덕분에 저도 더 나은 감독이 될 수 있었죠. 언론에서는 우리 둘의 불화를 만들어 내기도 했지만, 그건 축구계에 오랫동안 몸담다 보면 생기는 일입니다. 제가 바이에른 뮌헨을 지휘할 때도 클롭의 도르트문트는 굉장한 라이벌이었고, 늘 공격적인 전술로 매력적인 경기를 펼쳤습니다.

과르디올라의 말대로 두 감독은 서로에게 최고의 라이벌이었다. 공식 대회에서 클롭에게 가장 많은 패배(10)를 안긴 감독이 바로 과르디올라이고, 과르디올라에게 가장 많은 패배(11)를 안긴 감독 또한 클롭이다. 두 감독은 2013년 분데스리가에서 처음 만나 맞대결을 펼치기 시작했으나, 당시는 과르디올라가 지휘하는 바이에른 뮌헨과 클롭이 지휘하는 도르트문트의 객관적인 전력 격차가 컸던 게 사실이다. 바이에른과 도르트문트는 '데어 클라시커' 더비를 치르는 독일의 대표적인 라이벌 중 하나이긴 하지만, 2013/14시즌 분데스리가에서 바이에른은 2위 도르트문트에 무려 승점 19점 차로 앞서 우승을 차지했을 정도다. 게다가 2014년 여름 이적 시장에서는 도르트문트의 간판 공격수 로베르트 레반도프스키가 바이에른으로 이적해 두 팀의 전력을 더욱 불균형하게 만들었고, 도르트문트는 또다시 정상에 오른 바이에른에 승점 33점 차로 뒤처진 7위로 시즌을 마무리하고 클롭과 작별했다.

두 감독의 라이벌 관계가 본격적으로 불붙은 것은 2016년 여름 과르디올라 감독이 맨체스터 시티의 지휘봉을 잡으며 잉글랜드 무대로 오면서부터다. 프리미어 리그 맞대결에서는 과르디올라 감독이 5승 7무 4패로 근소하게 우위를 점했고 챔피언스 리그와 FA컵, 리그컵을 합한 토너먼트에서는 클롭 감독이 3승 1패로 앞섰다. 우승 횟수는 과르디올라 감독이 많은데, 이는 이적 시장에서 기록한 순지출이 과르디올라의 맨체스터 시티가 2.5배 가량 많기 때문에 어쩔 수 없는 현실이기도 하다. 리버풀은 두 시즌이나 90점 이상의 승점을 기록하고도 맨체스터 시티에 1점 차로 밀려 우승을 놓친 것이 뼈아픈 결과가 되고 말았다. 클롭과 과르디올라가 잉글랜드로 오기 전까지 프리미어 리그에서 한 시즌에 두 팀이 승점 90점을 넘긴 적은 없었다.

두 감독은 각자의 스타일로 프리미어 리그는 물론이고 전세계에 영향을 끼쳤다. 몸을 사리지 않는 공격수였던 클롭은 '헤비메탈 축구'라는 별명으로 대표되는 강력한 전방 압박으로 상대에게 혼란을 안겼고, 토털 축구를 조율하는 미드필더였던 과르디올라는 바르셀로나에서부터 이어 온 짧은 패스 위주의 '티키타카' 축구로 경기를 완벽에 가깝게 통제하는 방식으로 승리를 노렸다. 혼란과 통제라는 표현에서 알 수 있듯이 두 감독의 전술 스타일은 상극처럼 보이기도 한다. 이 때문에 과르디올라 축구에 대한 가장 강력한 카운터가 클롭의 축구일 수 있었고, 클롭의 축구에 대한 가장 강력한 카운터가 과르디올라의 축구일 수 있었다. 그리고 둘은 여러 차례 맞대결을 통해 서로에게 영향을 주며 단점을 보완해 발전해 갔고, 이제 최신 전술 트렌드를 따르는 감독 중에 둘의 영향을 받지 않은 지도자는 없다고 단언할 수 있을 정도다.

클롭의 '혼란'은 조직적인 압박으로 상대 진영에 혼란을 일으켜 최대한 높은 지점에서 공을 빼앗는 것으로부터 시작한다. 상대 골문에 가까우면 가까워질수록 골을 넣을 가능성도 커지기 때문에 클롭의 축구에서는 공을 빼앗는 위치, 즉 전방 압박 움직임 자체가 기회를 만드는 플레이 메이커의 역할을 하는 셈이다. 과르디올라의 '통제' 또한 팀이 공을 빼앗겼을 때 최대한 빠르게 다시 빼앗아 주도권을 지키는 것을 목표로 하기 때문에 압박 강도가 높은 것은 마찬가지다. 그러나 클롭의 축구가 최대한 높은 지점으로 빠르게 공을 전달하는 수직적인 역습

의 성격이 강하다면, 과르디올라의 축구는 우선 상대의 역습을 무력화한 뒤에 다시금 상대 진영의 공간을 찾아 움직이며 수적 우위를 점하는 포지션 플레이에 더 중점을 둔다. 극단적으로 말해 클롭의 축구에서 따로 플레이 메이커가 필요 없다면 과르디올라의 축구에서는 모든 선수가 플레이 메이커가 돼야 한다.

앞서 언급했듯 두 감독은 서로에게서 교훈을 얻으며 계속해서 변화를 꾀했다. 클롭은 바르셀로나 유소년 팀부터 바이에른 뮌헨까지 과르디올라의 지도를 받았던 미드필더 티아고 알칸타라를 영입해 중원에 새로운 무기를 장착했고, 2021/22 FA컵 준결승에서 티아고가 1도움을 기록한 가운데 맨체스터 시티를 3-2로 꺾고 결승에 올라가 우승을 차지했다. 과르디올라 또한 신체 능력이 탁월한 스트라이커 엘링 홀란을 영입해 때로는 한 번의 긴 패스를 통한 빠른 역습을 선보이며 2022/23시즌 트레블 우승을 차지했다. 이제는 두 감독의 전방 압박과 포지션 플레이를 모두 활용하는 새로운 세대의 감독들이 속속 등장하며 전술 트렌드를 더욱 빠르게 바꿔 가고 있다. 리버풀의 새로운 감독이 될 아르네 슬롯 또한 그 대표 주자 중 하나다.

과르디올라는 "리버풀을 떠나는 클롭에게 행운을 빕니다. 본인은 인정하지 않겠지만 돌아오게 될 거예요. 10년 후에라도 말이죠. 축구계에는 클롭 같은 개성을 가진 감독이 필요합니다. 내년에는 함께 저녁 식사를 하러 갔으면 합니다."라고 따뜻한 작별 인사를 건넸다.

>

과르디올라에게 직접 말한 적이 있는지는 모르겠지만 저는 그를 좋아합니다. 제가 기자회견에서 했던 발언들이 의도와 다르게 나쁘게 전달돼 과르디올라가 화를 냈던 적도 있는데 그건 미안하게 생각합니다. 그를 무척 존중해요. 반드시 이기고 싶은 상대고, 그건 과르디올라도 마찬가지일 겁니다. 우리는 전혀 다른 개성을 가진 감독이지만 저는 과르디올라를 좋아하고 존중합니다. 그는 세계 최고의 감독이에요.

>

 클롭이 과르디올라에 대해

프리미어 리그 한 시즌 역대 최다 승점 TOP 10

100
2017/18 맨체스터 시티 **펩 과르디올라**

99
2019/20 리버풀 **위르겐 클롭**

98
2018/19 맨체스터 시티 **펩 과르디올라**

97
2018/19 리버풀 **위르겐 클롭**

95
2004/05 첼시 **주제 무리뉴**

93
2021/22 맨체스터 시티 **펩 과르디올라**

93
2016/17 첼시 **안토니오 콘테**

92
2021/22 리버풀 **위르겐 클롭**

92
1993/94 맨체스터 유나이티드 **알렉스 퍼거슨**

91
2005/06 첼시 **주제 무리뉴**

2022
2023

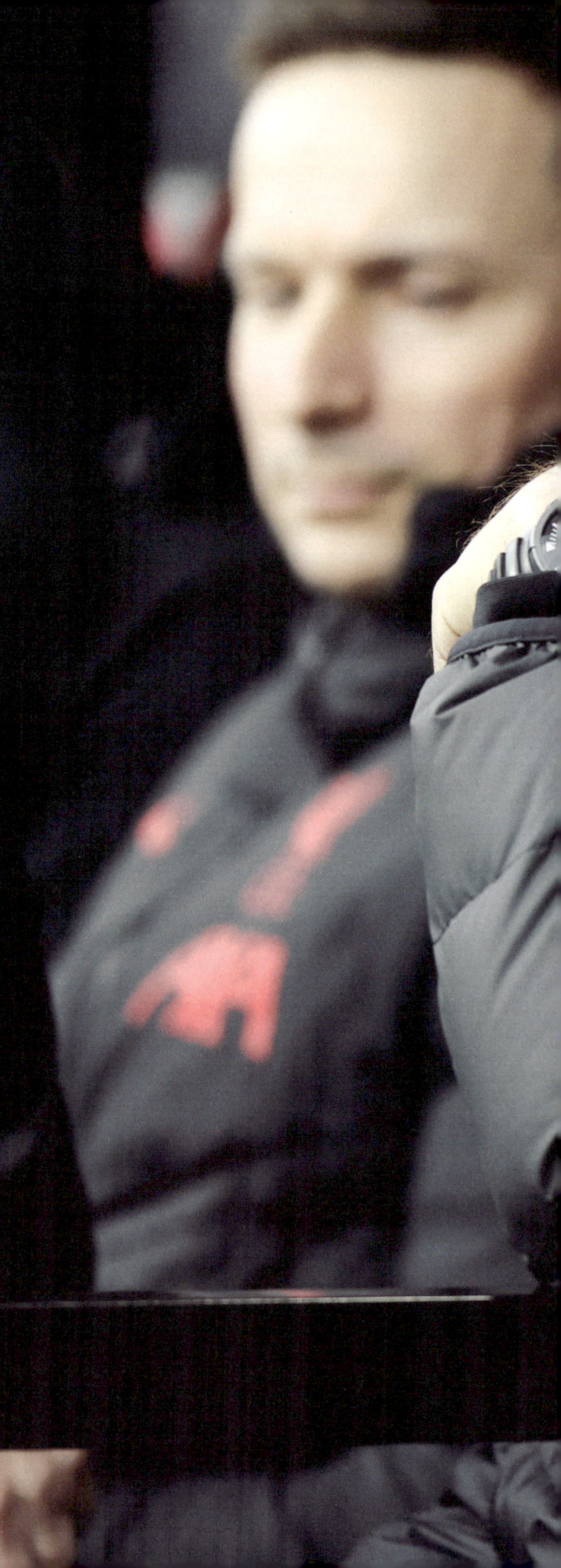

클롭 최악의 시즌 한 시대가 끝을 맞이하다

현대 축구에서 한 감독이 클럽 팀을 5년가량 지휘하게 되면 보통 한 사이클이 끝난다고 한다. 그 이상 감독직을 이어 가려면 코치진이나 선수단에 변화를 줘서 긴장감과 집중력을 유지할 필요가 있고, 그렇게 하더라도 이전 5년만큼의 성공을 이어 가기는 굉장히 힘들다는 게 통설이다. 클롭은 2022년 여름까지 이미 7년을 달려왔는데, 이는 리버풀이 감독에게 절대적인 힘을 실어 주는 구단이기에 가능했던 일이기도 하고 재임 기간 코로나 감염 사태와 같은 극적인 사건들 때문에 조직 전체가 힘을 합쳐야 했기에 가능했던 일이기도 하다. 쿼드러플에 가까웠던 2021/22시즌은 여러모로 클롭 체제의 대장정이 종착점에 다다른 느낌이었다.

새로운 출발을 위해서는 변화가 필요한 시점. 그러나 변화는 리버풀이 계획한 대로 찾아오지 않았다. 성공적으로 선수단을 구성하는 데 큰 역할을 했던 마이클 에드워즈 단장이 휴식이 필요하다는 이유로 사임한 것이다. 이를 두고는 클럽 감독의 영향력이 너무 커져서 떠밀리듯 떠났다는 추측도 있고, 발표한 대로 단순히 휴식이 필요했던 시점이라는 추측도 있다. 어떤 추측이 옳든 결론은 클롭 감독에게 이전보다 더 많은 책임과 결정해야 할 일들이 주어졌다는 것이다. 그리고 선수 영입에서부터 리버풀의 행보는 불안했다.

2022 2023

BEST 11

Darwin
NUNEZ
다르윈 누녜스

Cody
GAKPO
코디 학포

Mohamed
SALAH
모하메드 살라

Harvey
ELLIOTT
하비 엘리엇

Fabinho
FABINHO
파비뉴

Jordan
HENDERSON
조던 헨더슨

Andrew
ROBERTSON
앤드류 로버트슨

Virgil
VAN DIJK
버질 판 다이크

Ibrahima
KONATE
이브라히마 코나테

Trent
ALEXANDER-ARNOLD
트렌트 알렉산더-아놀드

Alisson
BECKER
알리송 베케르

리버풀과 또다시 우승을 두고 다툴 게 분명했던 맨체스터 시티도 과르디올라 감독 부임 6년이 지난 시점이었기 때문에 변화가 필요했는데, 2021/22시즌이 끝나기도 전인 2022년 5월 10일에 공격수 엘링 홀란 영입에 합의했다고 발표했다. 홀란이 이미 차세대 최고의 스트라이커라는 평가를 받고는 있었지만, 과르디올라의 축구에 어울리는 선수일지에 대해 논쟁이 벌어질 정도로 팀에 격변이 예고되는 영입이었다. 리버풀도 클럽의 가장 초기 영입 선수이자 붙박이 주전이던 사디오 마네가 바이에른 뮌헨으로 이적해 공격진 재편에 돌입한 상황이었고, 다시 우승에 도전하려면 홀란에 버금가는 대형 영입을 이뤄 내야 했다.

클럽 감독의 선택은 다르윈 누녜스였다. 2021/22시즌 벤피카에서 공식 대회 34골을 터트리는 최고의 활약을 펼친 참이었고, 챔피언스 리그 8강에서는 리버풀을 상대로 홈과 원정 경기 모두에서 득점하며 클럽 앞에서 인상적인 모습을 보여 주기도 했다. 187cm의 장신에 빠른 발까지 뛰어난 신체 능력을 보유하고 있어 클럽이 원하는 축구에도 어울리는 선수였다. 다만, 최고 수준의 골 결정력을 보여 준 시즌은 딱 한 번뿐이었고 유럽 5대 리그에서 뛰어 본 경험도 없기 때문에 불안 요소는 존재했다. 구단 역대 최고 이적료 영입 선수라는 꼬리표와 홀란과의 비교 또한 20대 초반의 젊은 선수에게는 부담으로 작용할 수 있었다.

누녜스의 출발은 좋았다. 승격팀 풀럼이 인상적인 경기력을 선보였던 프리미어 리그 개막전에서 교체로 투입돼 1골 1도움을 기록하는 활약을 펼쳐 리버풀을 패배의 위기에서 구해 내며 2-2 무승부에 기여한 것이다. 리버풀은 이 경기에서 판 다이크가 페널티킥을 허용하고 티아고 알칸타라가 후반 초반 부상으로 교체되어 나가며 쉽지 않은 시즌을 예고했다. 성공적인 데뷔전을 치른 누녜스지만, 이어진 크리스탈 팰리스와의 홈 개막전은 악몽이었다. 후반 12분 자신을 도발한 상대 수비수에게 박치기를 날려 그대로 퇴장당하고 세 경기 출전 정지를 받게 된 것이다. 0-1로 뒤처진 상황에서 수적 열세에 빠진 리버풀은 루이스 디아스의 동점골로 또다시 패배는 면할 수 있었지만, 상대의 압박에 흔들리는 등 경기력 자체는 누녜스의 퇴장과도 관계 없이 좋지 못했다.

이어진 맨체스터 유나이티드 원정에서는 이 시즌 리버풀의 약점이 고스란히 드러났다. 조던 헨더슨과 제임스 밀너가 구성한 중원은 젊고 빠른 상대 선수들을 막아서기엔 너무 느렸다. 전과 같은 보호를 받지 못한 채 수비진을 이끄는 판 다이크 또한 지쳐 있기는 마찬가지였다. 무릎 부상으로

JUERGEN KLOPP

1년을 쉰 직후 51경기에 선발로 출전한 여파로 피로 누적이 어마어마해 보였고, 그 결과 반응은 느렸고 집중력은 떨어져 있었다. 결국, 리버풀은 맨체스터 유나이티드 원정을 1-2로 마치며 시즌 첫 패배를 당하고 말았다. 개막 후 세 경기 무승으로 순위는 16위였다.

자존심이 상한 리버풀은 승격팀 본머스를 홈으로 불러들여 분풀이를 하듯 프리미어 리그 경기 역대 최다 점수 차 타이인 9-0 승리를 거뒀고, 이어진 뉴캐슬과의 맞대결에서는 후반 추가 시간 8분에 터진 신입 미드필더 파비우 카르발류의 역전 결승골로 극적인 2-1 승리를 가져오며 분위기를 되살렸다. 유망주 미드필더 하비 엘리엇이 중원에 활력을 더하며 기대를 낳았으나, 헨더슨이 햄스트링 부상으로 쓰러져 클롭 감독의 걱정은 줄어들지 않았다. 에버턴 원정에서는 결국 파비뉴의 양옆에 카르발류와 엘리엇을 배치하는 과감한 시도를 해야 했다. 후반에는 4-2-4 포메이션에 가까운 공격적인 운용을 했음에도 경기는 0-0으로 막을 내렸다.

나폴리 원정으로 시작한 챔피언스 리그 또한 출발이 좋지 못했다. 경기 시작부터 상대의 공세에 흔들리기 시작한 리버풀은 전반에만 세 골을 실점하며 무너졌다. 공격 작업에서도 실수를 연발해 반격조차 어려웠고, 경기는 1-4 대패로 끝이 났다. 알리송의 선방이 아니었다면 더 큰 점수 차가 날 수도 있었다. 클롭 감독은 완패를 인정하며 리버풀이 팀을 재정비해야 할 시점이라고 강조했다. 엘리자베스 여왕의 서거로 영국 내의 축구 대회 일정은 잠시 멈춘 가운데, 리버풀은 아약스를 홈으로 불러들여 다시 챔피언스 리그 경기를 치렀다. 다행히 이 경기에서 리버풀은 나폴리 원정 때와 달라진 모습으로 2-1 신승을 거뒀다. 조엘 마팁이 수비에 안정을 가져온 동시에 결승골까지

터트렸고, 티아고는 영리하게 경기를 조율했다. 훨씬 만족스러운 경기 내용에 반등에 대한 기대도 커졌다. 그러나 기대는 곧 실망으로 바뀌었다. 여왕 서거와 A매치 일정으로 생긴 한 달에 가까운 휴식기 이후 다시 열린 프리미어 리그. 리버풀은 브라이튼 원정에서 경기 시작 17분 만에 두 골을 내주며 힘든 경기를 펼쳐야 했고, 피르미누의 맹활약에 힘입어 3-2 역전까지도 성공했으나 끝내 레안드로 트로사르에게 해트트릭을 허용하며 3-3 무승부에 그쳤다. 챔피언스 리그에서는 한 수 아래의 전력인 레인저스와의 홈 경기에서 평소 사용하던 4-3-3 포메이션에서 미드필더 한 명을 빼고 공격수 한 명을 늘린 4-2-3-1 포메이션으로 편안한 2-0 승리를 가져왔고, 이어진 아스널 원정에서 클롭 감독은 다시 한번 이 포메이션을 시도하며 맞불을 놓았다. 상대 수비 뒤쪽 공간을 공략하는 직선적인 공격으로 누녜스가 오랜만의 골을 터트리기도 했지만, 결국 헨더슨과 티아고가 구성한 중원으로 수비진을 보호하는 건 무리였다. 게다가 주전 레프트백 로버트슨이 무릎 부상으로 빠진 가운데 상대 에이스 부카요 사카를 막기는 힘들었다. 리버풀은 이 경기에서 2-3으로 패했고, 클롭의 공격적인 시도도 무리수였다는 평가를 받았다. 이 패배로 리버풀은 선두 아스널에 14점 차로 뒤처진 10위를 기록하게 됐다. 아스널보다 덜 치른 한 경기에서 승리하더라도 10점 이상 승점 차이가 벌어졌기 때문에 프리미어 리그 우승 가능성은 여덟 경기 만에 좌초된 셈이었다. 게다가 1월에 영입돼 빠르게 팀에 적응했던 공격수 루이스 디아스는 이 경기에서 무릎 부상을 당해 6개월이나 자리를 비우게 됐다. 리버풀은 더 잃을 것도 없어 보였다.

챔피언스 레인저스 원정은 본머스전 9-0 승리처럼 리버풀에 분풀이의 기회가 됐다. 전반 17분 선제골을

허용한 리버풀은 피르미누의 두 골과 누녜스의 골을 묶어 3-1 역전을 이뤄 냈다. 승기를 잡은 상황에서 교체로 투입된 살라는 경기장에 들어선 지 13분 만에 세 골을 터트리며 챔피언스 리그 역사상 최단 시간 해트트릭 기록을 갈아치웠다. 엘리엇까지 한 골을 추가한 리버풀은 7-1 대승을 거두고 16강 진출에 유리한 고지를 점했다. 프리미어 리그에서 맨체스터 시티와의 맞대결을 앞두고 거둔 기분 좋은 승리였다. 숙적 맨체스터 시티를 홈으로 불러들이자 리버풀은 마침내 원래의 모습을 되찾았다. 조 고메스가 판 다이크와 호흡을 맞춰 안정적인 수비를 펼치며 프리미어 리그 아홉 경기에서 33골을 득점한 맨체스터 시티를 상대로 무실점을 기록했다. 한 치의 양보 없이 뜨거운 맞대결이 이어지던 경기는 후반 31분 살라의 결승골로 승부가 갈렸다. 맨체스터 시티가 프리킥에서 시도한 크로스를 알리송 골키퍼가 잡아 곧바로 상대 진영에 있던 살라에게 길게 연결했고, 살라는 공을 끊으려던 상대 최종 수비수 주앙 칸셀루를 바로 앞에서 감각적인 터치와 턴 한 번으로 따돌리며 홀로 질주해 들어가 골을 터트렸다. 안필드는 열광의 도가니였다.

3일 뒤 열린 웨스트햄과의 홈 경기도 또다시 1-0 승리였으나, 계속되는 3일 간격 경기 속에서 리버풀은 안정을 찾지 못했다. 공격진은 조타마저 종아리 부상으로 이탈하자 삼각 편대를 구성하기도 쉽지 않은 상황이 됐다. 클롭 감독은 노팅엄 포레스트 원정에서 엘리엇과 카르발류를 측면 미드필더로 기용하는 4-4-2 포메이션으로 변화를 꾀했으나, 끝내 수비적으로 내려선 상대를 공략하지 못하고 0-1로 패했다. 노팅엄은 최하위를 기록 중이던 팀이었기에 이 패배의 충격은 더욱 컸다. 이어진 아약스 원정에서는 원래의 4-3-3 포메이션으로 돌아가 주전 선수들이 대부분 출전하며 3-0 승리를 거두고 챔피언스 리그 16강 진출을 확정 지었으나, 프리미어 리그 리즈 유나이티드와의 홈 경기에서는 예상 밖의 사건이 벌어졌다.

전반 4분 만에 조 고메스의 어처구니 없는 백 패스 실수가 알리송 골키퍼를 지나쳐 빈 골문 앞으로 향했고, 리즈 공격수 로드리고가 이를 그대로 밀어 넣으며 리버풀은 시작부터 상대를 추격하는 입장에 놓여야 했다. 다행히 실점 10분 만에 살라가 앤드류 로버트슨의 크로스를 동점 골로 연결했지만, 리버풀의 경기력은 좀처럼 나아지질 않았다. 수비로의 전환은 느렸고, 공격 진영으로 향하는 패스는 호흡이 맞질 않아 빗나가기 일쑤였다. 패스 실수가 거듭되자 안필드에 모인 리버풀 팬들은 불만을 나타내기 시작했다. 그런데 이때 파비뉴가 신경질적인 표정으로 강하게 두 팔을 들어올리며 팬들을 책망하듯 응원을 요구했고, 이에 몇몇 팬들이 반발하며 험악한 분위기가 되고 말았다. 한때는 강력한 압박으로 상대를 괴롭히던 리버풀이었는데, 이제는 중원부터 상대의 압박에 괴롭힘을 당하고 있었다. 클롭 감독조차 인내심을 잃고 경기 도중 파비뉴를 향해 화를 냈고, 파비뉴는 체념하는 듯 고개를 절레절레 흔들 뿐이었다. 리버풀은 결국 후반 44분에 결승골을 실점하며 1-2로 패했다. 노팅엄전에 이어 또다시 강등권에 있던 팀을 상대로 패한 것이다.

리버풀은 지쳐 있었다. 이것이 외면할 수 없는 진실이었다. 그리고 리버풀의 피로는 단지 신체적인 것만이 아니었다. 이전 시즌 마지막까지 쿼드러플에 도전했으나 프리미어 리그와 챔피언스 리그에서 우승을 놓친 데 대한 정신적인 피로도 상당했다. 주축 선수들이 지쳐 있고 3일 간격으로 경기가 이어지는 상황에서 이전만큼 좋은

경기력을 꾸준하게 유지하는 일은 불가능에 가까웠다. 가장 활기 넘치는 움직임을 보여 주던 엘리엇도 19살에 불과했고, 유망주에게 지쳐 있는 팀을 이끌라고 주문할 수는 없는 노릇이었다.

사실상 조 2위가 확정된 채 치른 나폴리와의 홈 맞대결은 경기 막바지 터진 살라와 누녜스의 골로 2-0 승리를 거뒀으나, 원정에서 1-4로 패했기 때문에 네 골 차 이상으로 승리하지 않는 이상 아무런 의미가 없는 경기였다. 의미가 있는 승리는 토트넘 원정이었다. 부상으로 시즌 개막을 함께하지 못했던 수비수 이브라히마 코나테가 복귀하면서 귀중한 2-1 승리를 거뒀고, 더비 카운티와의 리그컵 경기에서는 주전 전원에게 휴식을 준 가운데 0-0으로 비겨 승부차기를 통해 생존에 성공했다. 월드컵 휴식기 이전 마지막 경기인 사우샘프턴과의 경기는 감독 경질로 분위기가 어수선해진 상대를 홈에서 공략하며 3-1 승리를 거뒀다. 브라질 대표팀에서 탈락한 피르미누가 선제골을 터트렸고, 누녜스가 두 골을 넣는 활약으로 리버풀에 승리를 안겼다.

휴식이 절실히 필요하던 리버풀에 월드컵은 가뭄에 단비 같았으나, 여전히 일곱 명의 주전급 선수들은 바쁘게 카타르로 이동해 대표팀 일정을 소화해야 했다. 알리송, 파비뉴, 코나테, 알렉산더-아놀드, 헨더슨, 누녜스, 그리고 판 다이크까지. 특히나 팀의 척추라고 할 수 있는 파비뉴와 판 다이크의 피로가 팀에 가장 큰 영향을 끼치고 있었는데 두 선수가 휴식을 취하지 못하는 것이 아쉬웠다. 그나마 파비뉴는 브라질 대표팀에서 주전이 아니었기 때문에 한 경기만 치르고 돌아왔지만, 판 다이크는 20일도 안 되는 기간에 다섯 경기에 출전했고 특히나 마지막 경기인 네덜란드와 아르헨티나의 8강전에서는 연장까지 120분을 소화하고 돌아와야 했다.

월드컵 휴식기 이후 첫 경기는 리그컵 맨체스터 시티 원정이었다. 판 다이크가 휴식을 취한 가운데 월드컵에 참가하지 않고 훈련에 매진한 맨체스터 시티 공격수 홀란을 막기는 쉽지 않았다. 리버풀은 두 차례나 실점 직후 동점을 만드는 저력을 발휘했으나, 끝내 2-3의 패배를 막지 못하고 탈락했다. 그러나 주전 선수들이 모두 복귀한 아스톤 빌라와의 프리미어 리그 원정 경기에서는 3-1로 승리했고, 이어진 레스터 시티와의 홈 경기에서는 상대 자책골이 두 번이나 나오며 2-1로 역전승을 거두는 행운이 따르기도 했다. 1월 이적 시장이 열린 것과 동시에 부상자가 속출한

공격진 보강을 위해 코디 학포가 영입됐다. 이 시점에 4위 토트넘과의 승점 차이는 2점, 한 경기를 덜 치른 5위 맨체스터 유나이티드와의 승점 차이는 1점이었기에 이때만 해도 리버풀의 4위권 진입은 충분히 가능해 보였다.

그러나 이틀 휴식을 취하고 임한 브렌트포드 원정에서는 또다시 체력과 집중력에 한계가 드러났다. 세트피스에서의 수비 실수로 전반에만 두 골을 내줬고, 후반 들어 옥슬레이드-체임벌린이 한 골을 만회했으나 경기 막바지 또다시 수비 실수로 실점을 허용하며 변명의 여지 없는 1-3 패배를 당했다. 중원에서는 상대의 역습을 저지하지 못한 데다가 수비진에서는 집중력을 찾아볼 수 없었다. 이어진 울버햄튼과의 FA컵 경기도 일정에 도움이 되지 않았다. 알리송 골키퍼가 실수로 선제골을 헌납했고, 누녜스와 살라의 골로 역전에 성공했음에도 시종일관 흔들리는 수비 탓에 리드를 지키지 못한 채 황희찬에게 동점골을 내줘 재경기를 치르게 된 것이다. FA컵 재경기를 단호하게 반대했던 클롭 감독과 지쳐 있는 선수들이 가장 원치 않았던 결과가 나오고 말았다. 홈에서 치른 경기임에도 리버풀은 울버햄튼에 더 많은 슈팅과 유효슈팅을 허용하는 모습이었다.

클롭 감독은 수비 안정을 위해 브라이튼 원정에서 살라와 학포를 투톱으로 내세우는 4-3-1-2 포메이션으로 변화를 꾀했으나, 익숙하지 않은 옷을 입은 리버풀 선수들은 이렇다 할 반격조차 해 보지 못한 채 일방적으로 밀리는 경기 내용으로 0-3의 완패를 당했다. 이 경기를 끝으로 클롭 감독은 부진에서 헤어나지 못하는 파비뉴 대신 유망주 스테판 바이세티치를 선발로 내세우기까지 했다. 그러나 이러한 변화에도 리버풀은 살아나지 못했다. 첼시와의 홈 경기에서도 좀처럼 리버풀다운 강도 높은 압박을 보여 주지 못한 채 0-0으로 비겼고, 울버햄튼 원정에서는 또다시 0-3 완패를 당했다. 2023년 들어 치른 프리미어 리그 네 경기에서 1무 3패, 1득점 9실점이라는 처참한 결과로 리버풀은 10위까지 순위가 추락했다. 그사이 FA컵에서는 울버햄튼과의 재경기에서 엘리엇의 활약으로 승리를 거뒀으나, 다음 라운드에서 브라이튼을 만나 후반 추가 시간 미토마 가오루에게 역전 결승골을 내주고 1-2로 패해 탈락하며 2022/23시즌에는 우승 트로피를 들어올릴 가능성이 사실상 사라지게 됐다.

클롭 부임 이후 최악의 시즌을 보내고 있던 리버풀에 유일하게 좋은 소식은 마침내 일주일 이상의 휴식이

찾아왔다는 것이었다. 전열을 정비한 리버풀은 학포가 연달아 골을 터트리는 활약에 힘입어 에버턴과 뉴캐슬을 나란히 2-0으로 연파하며 마침내 2023년 들어 프리미어 리그 첫 승리를 기록할 수 있었다. 수비는 여전히 불안했기 때문에 바이세티치가 파비뉴와 함께 선발로 출전해 공수 균형을 잡는 데 힘썼고, 공격진에는 조타가 부상에서 돌아오며 부활을 기대하게 했다.

그러나 완전한 전력이 아닌 리버풀에 챔피언스 리그 16강은 너무 힘에 벅찬 무대였다. 두 번이나 결승에서 리버풀을 꺾은 레알 마드리드를 만나 1차전 홈 경기에서 2-5로 역전패를 당한 것이다. 심지어 리버풀은 전반 14분 만에 누녜스와 살라의 골로 2-0으로 앞서 가다가 내리 다섯 골을 내준 것이었다. 수비진은 우왕좌왕하며 막아야 할 상대를 놓쳤고, 결정적인 실책까지 겹치면서 실점이 이어졌다. 리버풀의 수비는 계속해서 한발 늦었다. 안필드에서 세 골 차로 패하자 클롭 감독마저 16강 승부가 끝났다고 인정할 정도였다. 2차전 원정 경기에서는 만회를 위해 공격적인 4-2-3-1 포메이션을 가동하고도 0-1로 패하며 합산 스코어 2-6이라는 실망스러운 결과와 함께 탈락하고 말았다.

이제 남은 목표는 프리미어 리그 4위권 진입뿐이었다. 아무리 지쳐 있는 리버풀이라도 네 개 대회를 준비했던 팀이 하나의 대회에만 집중할 수 있게 되면 반등을 기대할 수 있는 건 당연했다. 그럼에도 한번 흐트러진 집중력이 돌아오는 데는 시간이 걸렸다. 크리스탈 팰리스 원정에서는 무기력한 경기 끝에 0-0으로 비겼고, 선수들의 표정은

마치 패배한 직후 같아 보였다. 울버햄튼과의 홈 경기도 후반 중반까지 골이 터지지 않으며 답답한 흐름이 이어졌으나, 세트피스에서 터진 판 다이크의 결승골과 살라의 추가 골로 2-0 승리를 거두고 한숨을 돌릴 수 있었다. 4위권 경쟁 상대이자 숙적인 맨체스터 유나이티드와의 홈 경기에서는 기대 이상의 대승이 찾아왔다. 팽팽했던 전반을 1-0 리드로 마친 리버풀은 후반에만 여섯 골을 폭격하며 7-0 승리를 거뒀다. 이 시즌을 끝으로 리버풀을 떠나겠다고 발표한 피르미누가 일곱 번째 골을 득점하며 경기의 대미를 장식했다. 하지만 이 승리로 지나치게 들떴던 탓일까? 리버풀은 이후 네 경기 연속으로 승리에 실패하는 침체기에 빠져들었다.

본머스 원정에서는 상대 공격수를 쉽게 놓쳐 결승골을 내주며 0-1로 패했고, 살라가 페널티킥을 실축하는 드문 장면까지 나왔다. 본머스는 당시 최하위, 최다 실점을 기록 중인 팀이었고 리버풀은 이전 경기에서 일곱 골을 터트린 팀이었기에 이 결과는 큰 이변이라고 할 수 있었다. 살라는 이어진 맨체스터 시티 원정에서 역습으로 선제골을 터트리며 페널티킥 실축을 만회하는 듯했지만, 리버풀은 더 이상 이전 시즌 우승을 다투던 팀이 아니었다. 파비뉴와 헨더슨은 여전히 피곤해 보였고, 판 다이크에게는 어떠한 존재감도 느껴지지 않았다. 결국 리버풀은 맨체스터 시티에 네 골을 내주며 1-4로 역전패를 당했다. 맨체스터 시티와의 격차를 느끼게 한 이 패배는 리버풀에 변화가 반드시 필요하다는 결론으로 이어졌다. 그로부터 3일 뒤에 열린 첼시 원정에서는 여러 주전 선수들이 컨디션 난조를 보여 로테이션이 단행됐고, 그레엄 포터 감독을 경질한 첼시를 상대로도 승리를 거두지 못한 채 0-0 무승부에 만족해야 했다. 리버풀의 저력은 시즌 종료를 10경기 남겨 둔 시점에야 발휘되기

시작했다. 선두를 달리고 있던 아스널을 홈으로 불러들인 경기에서 또다시 상대 공격수를 놓치는 불안한 수비로 먼저 두 골을 내주고 끌려가던 상황, 살라가 전반 종료 3분을 남겨 두고 만회 골을 터트리며 추격의 불씨를 당겼다. 리버풀은 후반 들어 적극적으로 공격을 퍼붓기 시작했고, 살라가 또다시 페널티킥을 실축했음에도 피르미누가 알렉산더-아놀드의 크로스를 끝까지 따라가 정확한 헤더로 연결하며 2–2 동점을 만들었다. 경기 막바지 상대 골키퍼 애런 램스데일의 선방 행진이 아니었다면 충분히 역전승도 거둘 수 있는 경기였다. 이 무승부 이후로 리버풀은 7연승을 질주하며 4위권을 맹렬하게 추격했다.

반등의 동력은 수비 안정이 아닌 부상에서 돌아온 공격수들의 부활이었다. 시즌 내내 프리미어 리그에서 한 골도 기록하지 못했던 조타는 7연승 과정에서 다섯 골을 몰아쳤고, 살라는 안필드에서 매번 골을 터트리며 프리미어 리그 홈 아홉 경기 연속 득점이라는 구단 신기록을 수립했다. 4–3으로 승리를 거둔 토트넘과의 홈 경기가 백미였는데, 리버풀은 경기 시작 15분 만에 3–0으로 앞서 나가다가 해리 케인, 손흥민에게 골을 내주며 점차 추격을 허용한 끝에 후반 추가 시간 3분에 히샬리송에게 동점 골을 내주고 말았다. 그런데 조타가 1분 만에 다시 결승골을 터트려 리버풀에 극적인 승리를 안긴 것이다. 마치 골이 필요할 때마다 들어가는 수준의 흐름이었다. 이 경기에서는 루이스 디아스도 부상에서 돌아와 오랜만에 선발 출전해 골을 터트리는 활약을 펼쳤다.

공격수들이 필요한 시점마다 골을 터트려 경기를 수월하게 이끌기 시작하자 수비진도 응답했다. 풀럼과의 홈 경기에서는 알리송 골키퍼의 선방에 힘입어 1–0으로 승리했고, 브렌트포드와 레스터 시티를 상대로는 경기 내내 안정적인 수비를 펼친 끝에 각각 1–0, 3–0으로 승리했다. 중원에는 엘리엇에 이어 커티스 존스까지 가세해 인상적인 활약을 펼치며 미래를 기대하게 했다. 다만, 문제는 리버풀의 4위권 추격이 너무 늦었다는 것이었다. 7연승 시점에 리버풀은 36경기를 치러 65점의 승점을 기록 중이었고, 3위 뉴캐슬과 4위 맨체스터 유나이티드는 리버풀보다 한 경기를 덜 치르고 66점의 승점을 확보하고 있었다. 리버풀이 남은 두 경기에서 모두 승리하고, 두 팀 중 한 팀이 세 경기에서 2패를 당해야 4위권 진입이 가능한 상황이었다.

그런데 두 팀보다 리버풀이 먼저 승리를 놓치고 말았다. 37라운드 아스톤 빌라와의 홈 경기에서 시종일관 고전한 끝에 1–1로 비긴 것이다. 이후 뉴캐슬과 맨체스터 유나이티드가 나란히 승점을 추가하며 리버풀의 4위권 진입은 시즌 종료 한 경기를 남겨 두고 산술적으로 불가능해졌다. 시즌 내내 눈부신 활약으로 팀을 지탱해 온 에이스 살라는 자신의 소셜 미디어를 통해 "완전히 실망했고 변명의 여지조차 없습니다. 챔피언스 리그에 진출하기 위해 필요한 모든 걸 갖추고 있었는데도 실패하고 말았어요. 리버풀에게 챔피언스 리그 진출은 최소한의 요구입니다. 죄송하지만 지금은 긍정적인 글을 올릴 수가 없네요. 저희가 팬들과 스스로를 실망시켰습니다."라며 좌절을 감추지 못했다.

5위가 확정된 리버풀의 2022/23시즌은 사우샘프턴 원정에서의 역전과 재역전을 거듭한 4–4 무승부로 마무리됐다. 강등이 확정된 최하위 팀을 상대로 네 골을 내주는 모습은 리버풀의 시즌이 왜 실패로 끝났는지를 그대로 보여 주는 듯했고, 피르미누가 아스톤 빌라전 극적인 동점 골에 이어 마지막 경기까지 골을 터트리며 최고의 모습으로 작별 인사를 건넨 것이 그나마 위안이 됐다. 클롭 감독은 리버풀이 마지막 11경기에서 한 번도 패하지 않았다는 점을 강조하며 다시 우승 후보가 될 것이라고 약속했지만, 그 약속이 실현되기는 쉽지 않아 보였다. 8년이나 이어져 온 클롭의 시대는 끝을 맞이한 듯했다. 감독을 교체할 게 아닌 이상 리버풀에는 '클롭 2기'라고 할 만한 대대적인 변화가 반드시 필요했다.

굿바이 클롭 또 한 번의 우승과 라스트 댄스

2024년 1월 26일, 리버풀 구단은 뜻밖의 소식을 전했다. 위르겐 클롭 감독이 2023/24시즌을 끝으로 사임하기로 결정했다고 발표한 것이다. 당시 리버풀은 프리미어 리그에서 1위를 달리고 유로파 리그와 FA컵, 리그컵까지 네 개 대회 모두에서 우승에 도전하고 있는 상황이었기에 클롭의 사임을 예상한 이는 거의 없었다. 클롭의 사임 결정은 도르트문트를 떠날 때와 마찬가지로 시즌 도중에 발표됐고, 자신이 팀에 100% 적합한 감독이 아니기 때문이라는 이유 또한 똑같았다. 그리고 클롭이 전한 메시지는 충분히 이해할 수 있는 결정과 그에 대한 설명이었다. 2022/23시즌 리버풀의 선수들이 신체적으로 정신적으로 지쳐서 원래의 기량을 발휘하지 못했는데, 피로가 쌓인 것은 선수들만이 아니라 클롭 감독 또한 마찬가지였던 것이다.

구단과 도시의 모든 면을 사랑하고 리버풀 팬들과 선수들, 구단 관계자들도 모두 사랑하지만
사임이라는 결정을 내려야만 한다는 확신이 있습니다. 저에게는 에너지가 없습니다.
당장은 문제가 없지만 리버풀의 감독 일을 계속해서 할 수는 없다는 걸 알고 있어요.
오랜 시간을 많은 일들을 함께하며 리버풀 팬 여러분에 대한 애정과 존중심이 생겼고,
최소한 여러분께 진실을 들려드려야 한다고 생각했습니다.
제가 내년 여름에는 여기 있을지도 모르는 상황에서 구단 수뇌부와 함께 영입 후보와
여름 훈련지를 논의할 수는 없다는 생각이 들었고, 이미 작년 11월에 구단에 제 결정을 말했습니다.
지난 시즌이 굉장히 힘들었기 때문에 구단에서는 제게 그만두고 헤어지자고 할 수도 있었죠.
구단은 그렇게 하지 않았고, 리버풀이 다시 궤도에 오르도록 제가 돕는 게 무척 중요하다고 생각합니다.
단지 제가 원해서 사임하는 게 아니라 그게 100% 옳다고 생각해서 사임하는 겁니다.

2023년 여름 이적 시장도 쉽지 않았다. 피르미누, 제임스 밀너, 나비 케이타는 팀을 떠나는 게 미리 결정돼 있었지만 추가로 조던 헨더슨과 파비뉴까지도 팀을 떠났다. 두 선수가 시즌 내내 부진했다고 하지만 선수단에서 주장과 부주장을 맡고 있던 영향력 있는 존재들이었다. 반면에 영입 작업은 쉽지 않았다. 브라이턴에서 엔진 역할을 하던 알렉시스 매컬리스터를 합리적인 바이아웃 조건으로 영입한 것은 대성공이었지만, '클롭 2기' 중원의 새로운 에이스가 되어 주리라 기대했던 주드 벨링엄이나 오렐리앙 추아메니의 영입은 무산됐다.
게다가 첼시와의 영입 경쟁에서 연달아 두 번이나 패하며 모이세스 카이세도와 로메오 라비아의 영입에 실패한 타격은 컸다. 대신 리버풀은 훨씬 적은 이적료로 일본 국가대표 미드필더 엔도 와타루를 영입했는데, 엔도가 뛰어난 선수이긴 하지만 어디까지나 30대에 접어든 빅 클럽 경험이 없는 미드필더였기에 새로운 시대를 여는 영입과는 거리가 멀었다. 이 외에 공격 2선과 중원을 오갈 수 있는 도미니크 소보슬라이가 RB 라이프치히에서 영입됐고, 바이에른 뮌헨에서 자리를 잡지 못하던 라이언 흐라번베르흐까지 이적 시장 마감일에 리버풀의 유니폼을 입으면서 클롭 감독은 이전 시즌과 전혀 다른 선수들로 중원을 구성하게 됐다. 클롭은 이를 '리버풀 2.0'이 시작됐다고 표현했다.
중원의 구성은 달라졌지만 공격과 수비는 그대로였다. 공격은 왼쪽 측면과 중앙을 소화할 수 있는 포지션의 선수가 디아스, 누녜스, 학포, 조타까지 네 명에 달하는데 정리가 이뤄지지 않고 오른쪽 측면 공격은 늘 그래 왔듯 살라만 믿어야 했다. 수비진은 판 다이크가 기량을 회복하면서 이전 시즌보다는 안정을 찾았지만 판 다이크와 호흡을 맞출 확실한 주전으로는 코나테와 마팁, 고메스 모두 부상이 잦은 선수들이어서 불안 요소가 있었다. 알렉산더-아놀드의 백업으로 기용할 만한 전문 측면 수비수도 없었다. 이에 클롭 감독은 20대 초반의 저렐 콴사, 코너 브래들리를 1군에 발탁해 활용하며 팀의 현재와 미래까지 두 마리 토끼를 잡는 선수 운용을 보여 줬다.
결론부터 말하자면 리버풀은 이전 시즌 그대로에 가까운 모습을 보여 줬다. 다만, 성적은 훨씬 나았다. 프리미어 리그의 수준이 높아지다 보니 중하위권 팀들은 물론 승격 팀들도 모두 강하게 전방 압박에 나서고 역동적으로 공수 전환에 임하는 축구를 구사했고, 맞불을 놓고 싸우는 전술이 주를 이루면서 리버풀이 승점을 쌓기가 더 수월해진 덕분이었다. 이제 프리미어 리그 팬들 중에 수비적인 축구를 원하는 팬은 없었다. 리버풀은 이미 역동적인 압박과 속공을 8년 동안 해 온 팀이었기에 이기는 노하우를 알고 있었다.
그러나 새로 개편된 중원은 호흡을 맞출 시간이 필요했고, 상대 팀들의 전력도 강해지면서 리버풀이 먼저 실점을 허용한 뒤 집요하게 추격해 극적으로 승리하거나 무승부를 거두는 경기들이 이어졌다. 그리고 이는 리버풀 선수단에 알게 모르게 피로와 부담으로 쌓여 갔다. 아무리 리버풀 선수들의 정신력이 강하고 안필드 경기장의 분위기가 열광적이라고는 하지만, 시즌 내내 극적인 승부만 펼치면서 승점을 쌓을 수는 없었다. 전반기에 기대 이상의 성적을 거두고 있던 상황에 클롭 감독이 팀을 떠나겠다는 발표를 하면서 선수단의 정신력을 한 번 더 끌어올려 맨체스터 시티, 아스널과 시즌 막바지까지 프리미어 리그 우승

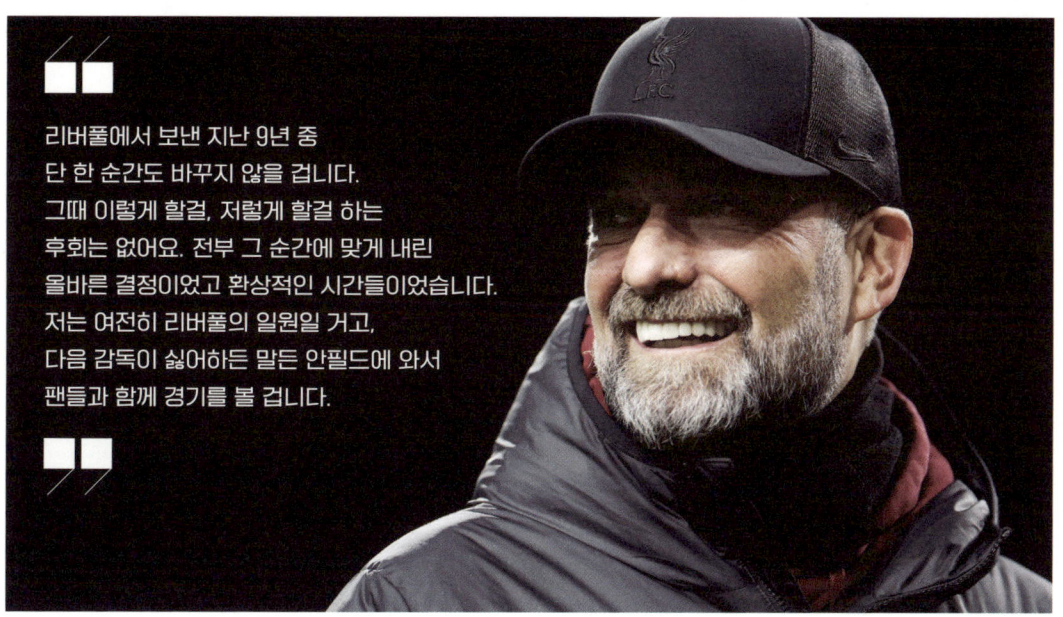

> "리버풀에서 보낸 지난 9년 중 단 한 순간도 바꾸지 않을 겁니다. 그때 이렇게 할걸, 저렇게 할걸 하는 후회는 없어요. 전부 그 순간에 맞게 내린 올바른 결정이었고 환상적인 시간들이었습니다. 저는 여전히 리버풀의 일원일 거고, 다음 감독이 싫어하든 말든 안필드에 와서 팬들과 함께 경기를 볼 겁니다."

경쟁을 이어 갈 수 있었지만 경기력에서는 리버풀이 두 팀보다 뒤처져 있는 게 분명한 사실이었다. 두 팀은 편안하게 승리하며 체력과 정신력을 아끼는 경기들도 있는 반면 리버풀은 너무 많은 경기가 진을 빼는 극장 승부였다. 리그컵에서는 결승에서 또다시 첼시를 만나 연장 후반 종료 직전에 판 다이크가 결승골을 터트리며 1-0 승리를 거두고 정상에 올랐다. 이는 말 그대로 '멘털 몬스터'라 불리는 리버풀 선수들의 정신력을 보여 주는 결과였다. 그러나 살라가 아프리카 네이션스컵 참가로 대표팀에 합류했다가 햄스트링 부상을 입은 이후로 리버풀에도 문제가 발생했다. 공격진에서 필요한 순간에 확실하게 골을 터트려 줄 선수가 사라진 것이다. 살라는 두 달가량 부상에 시달렸는데, 이는 리버풀 입단 이후로 시즌 도중에 겪은 최장기 부상이었다. 결국 시즌의 중요한 승부처에서 살라의 결정력은 크게 떨어졌고, 살라 외에 결정력이 가장 뛰어난 조타마저도 무릎 인대 부상으로 쓰러지며 팀에 도움을 주지 못했다. 디아스와 누녜스는 움직임은 뛰어나지만 결정력은 떨어지는 선수였고, 학포는 시즌 중반 미드필더 역할까지 수행하느라 공격수로 복귀해서도 어정쩡한 모습을 보여 줬다. 결국 리버풀은 시즌 막바지 프리미어 리그 우승 경쟁에서 한발 밀려나고, FA컵과 유로파 리그에서는 모두 8강 문턱을 넘지 못하며 탈락했다.

클롭의 '라스트 댄스'는 리그컵 우승 트로피와 프리미어 리그 4위권 진입이라는 결과로 막을 내리고 있다. 또다시 쿼드러플에 도전하던 시즌 중반까지의 기세와 비교하면 아쉬운 성적일지 모르겠으나, 이전 시즌 리버풀이 어떠한 과정을 겪으며 5위라는 결과를 기록했는지를 돌아보고 중원을 전면 개편해야 했던 것을 고려하면 이는 결코 나쁜 결과가 아니다. 2023/24시즌을 시작하기 전에 리버풀 팬에게 컵 대회 우승 하나와 4위권 자리를 준다고 약속했다면 이를 거절할 팬은 없었을 것이다.

이는 클롭이 리버풀에서 보낸 9년에도 똑같이 해당하는 이야기다. 어떤 이는 9년이라는 긴 시간 동안 챔피언스 리그와 프리미어 리그에서 각각 한 번의 우승만을 기록하는 데 그친 것이 대단한 성공이 아니라고 지적할 수 있다. 하지만 이는 클롭이 부임할 당시 리버풀의 팀 상황과 발전의 맥락을 모두 무시하는 주장이다. 클롭의 지도로 리버풀은 유로파 리그를 소화하던 팀에서 언제라도 프리미어 리그와 챔피언스 리그 우승을 노리는 팀으로 발전했으며, 설령 실패를 겪더라도 이를 극복하고 다시 도전하는 강인한 팀이 됐다. 그리고 그 과정은 리버풀 팬들에게 수많은 감동을 선사했다. 깔끔하게 패스 한 번을 더 연결하는 과르디올라의 축구보다는 한 발이라도 더 뛰며 공을 따내기 위해 싸우는 클롭의 축구를 리버풀 팬들은 무조건 더 선호할 것이다. 1부 리그 30년 무관의 세월을 끝내고 유럽 최고의 명문 구단 중 하나로서 위상을 회복시킨 위르겐 클롭은 분명 리버풀 역대 최고의 감독이자 프리미어 리그 역대 최고의 감독 중 하나로 기억될 것이다. 그리고 클롭과 리버풀의 동행이 영원히 끝난 것은 아닐 수도 있다.

YOU'LL NEVER WALK ALONE

When you walk through a storm
Hold your head up high
And don't be afraid of the dark
At the end of the storm
Is a golden sky
And the sweet silver song of the lark
Walk on through the wind
Walk on through the rain
Though your dreams be tossed and blown
Walk on walk on with hope in your heart
And you'll never walk alone
You'll never walk alone

COLUMN _____ 아르네 슬롯과 함께할,

2023년 9월 클롭 감독이 팀의 중원을 개편한 뒤 '리버풀 2.0'의 탄생을 선언하기는 했지만, 진정한 새로운 시대를 여는 것은 새로운 감독인 아르네 슬롯의 몫이 됐다. 리버풀 역대 최고의 감독으로 꼽히는 클롭의 후임은 누구에게나 부담스러운 자리일 수밖에 없는데, 지금까지 보여 준 전술적인 역량만으로 평가했을 때 슬롯은 충분히 그 자리를 채울 수 있는 감독이다. 최신 전술 트렌드를 따르는 감독답게 슬롯은 클롭과 과르디올라의 영향을 모두 받은 전술을 구사한다. 공격 시에는 과르디올라처럼 수비수를 미드필드 지역으로 움직이게 해서 포지션 플레이로 상대보다 수적 우위를 점한 채 중앙 지역을 통해 공을 전진시키고, 수비 시에는 클롭처럼 팀 전체가 전진해서 강한 압박을 통해 공을 되찾고 바로 공격으로 전환을 꾀한다. 본인이 직접 밝힌 바에 따르면 경기를 통제하길 좋아하는 감독이기 때문에 클롭보다는 과르디올라에 가까운 게 사실이다.

슬롯은 선수 시절 공격형 미드필더 출신으로, 신체적으로 뛰어나기보다는 경기를 보는 시야와 패스 능력을 더 인정받았기 때문에 축구를 보는 관점에 있어서는 과르디올라와 유사한 부분이 있다고 할 수 있다. 반면에 과르디올라만큼 최고 무대까지 올라가지는 못한 경험을 바탕으로 선수들을 지도한다는 점은 클롭과 유사하다. AZ 알크마르와 페예노르트를 이끌고 보여 준 매력적인 경기 내용과 좋은 성적 때문에 2023년 여름에는 손흥민의 소속팀 토트넘 홋스퍼 감독직에 연결되기도 했다. 슬롯의 탁월한 점은 자신이 원하는 복잡한 전술 움직임을 월드 클래스 수준이 아닌 선수들에게 성공적으로 이식해서 좋은 성적을 거두는 동시에 선수의 기량도 발전시켜 왔다는 점이다. 실제로 슬롯이 지도하는 페예노르트는 네덜란드 대표팀에 가장 많은 선수를 배출하고 있는 팀이다. 선수 육성 능력은 앞으로의 리버풀에 반드시 필요한 부분이다. 2022년 사임했던 마이클 에드워즈 단장이 FSG의 축구 CEO로 복귀해 리버풀은 물론이고 새로운 구단까지 인수해 멀티 구단 시스템의 경영을 맡을 예정인데, 그렇게 되면 리버풀은 즉시 전력감뿐만 아니라 유망주 영입과 육성에도 지금보다 더 심혈을 기울이게 될 것이기 때문이다.

리버풀에는 젊고 다재다능한 선수들이 많기 때문에 멀티 포지션 능력과 빠른 움직임을 선호하는 슬롯 감독과의 궁합도 잘 맞을 것으로 보인다. 대표적으로 알렉산더-아놀드의 경우 미드필더처럼 중앙으로 움직이며 빌드업에 전반적으로 관여할 수 있을 것이고, 소보슬라이 또한 측면이 아닌 중앙 지역을 중심으로 하는 공격과 압박에 집중할 경우 초반에만 반짝 활약했던 실망스러운 리버풀 데뷔 시즌을 뒤로하고 자신의 진가를 십분 발휘할 가능성이 있다. 그러나 에레디비지 무대에서도 채 5년이 되지 않는 감독 경력만을 보유하고 있고, 자국 무대 외에는 활동해 본 적이 없다는 점은 슬롯의 불안 요소로 꼽힌다. 네덜란드 내에서는 선수들과의 관계도 좋고 언론에도 잘 대응하는 감독으로 알려졌지만, 세계 최고 인기 리그인 프리미어 리그 감독에게 향하는 관심과 압박감은 차원이 다르다. 선수 지도와 관련한 부분에서도 더 뛰어난 선수들을 맡게 됐을 때 빠르고 정확하게 자신의 전술을 이해시키고 경기에서 구현할 수 있다는 장점이 있는 반면, 자존심과 자기 고집이 더 강한 선수들을 얼마나 부드럽게 설득해서 팀을 운영할 수 있을지는 슬롯에게 새로운 도전인 셈이다. 실제로 아약스를 이끌고 지도력을 인정받은 에릭 텐 하흐 감독도 맨체스터 유나이티드 사령탑을 맡은 이후로는 선수들과 갈등도 생기고 언론의 십자포화도 받으며 쉽지 않은 행보를 이어오고 있는데, 슬롯은 이를 반면교사로 삼아야 한다.

슬롯은 지금까지 보여 준 이력서상으로는 클롭의 후임으로 가장 좋은 선택지 중 하나라고 볼 수 있다. 그럼에도 클롭 같은 인기 감독의 뒤를 잇는 것은 어느 누구에게도 절대로 쉽지 않은 일이다. 변화의 과정에서 어느 정도의 시행 착오는 인내심을 갖고 기다려 줄 필요가 있다. 알렉스 퍼거슨 감독 은퇴 이후의 맨체스터 유나이티드나 아르센 벵거 감독 은퇴 이후의 아스널이 겪었던 잦은 감독 교체가 낳은 혼란을 보면 슬롯에게는 충분한 시간을 주는 편이 좋을 것이다.

리버풀 구단 차원에서는 감독은 물론 선수단에 대해서도 중요한 결단을 내릴 시점이다. 2024년 여름이면 판 다이크, 살라, 알렉산더-아놀드와 같은 팀의 주축을 맡아 온 선수들이 계약 기간을 1년밖에 남겨 두지 않게 된다. 판 다이크와 살라는 이미 서른 살이 넘은 선수들이고, 게다가 오랫동안 팀의 에이스 역할을 해 온 살라는 클롭 감독과 공개적인 자리에서 다투며 앞날에 대한 많은 추측을 낳고 있다. 알렉산더-아놀드의 경우 리버풀 유소년 출신 선수라 이적보다는 재계약에 무게가 실리지만, 레알 마드리드 같은 대형 구단이 좋은 조건을 제시해 온다면 새로운 도전을 택할 가능성도 완전히 배제할 수는 없다. 에드워즈 CEO 체제에서 복잡해질 수 있는 팀 상황을 최대한 빠르게 정리해서 슬롯 감독을 지원하는 데 집중할 필요가 있다. 구단과 감독, 선수단 모두에 변화의 시점이 찾아오면서 많은 변수와 가능성들이 리버풀의 앞에 놓여 있다. 클롭 시대 이후의 리버풀은 어떤 모습이 될까?

리버풀의 新시대

ARNE SLOT

- 페예노르트 | 에레디비지 2위, KNVB컵 우승, 챔피언스 리그 플레이오프 합류 **2024.4**
- 페예노르트 | 6년 만의 에레디비지 우승, 유로파 리그 감독상 수상 **2023/24**
- 페예노르트 | 에레디비지 3위, 유로파 컨퍼런스 리그 준우승, 에레디비지 올해의 감독상 수상 **2022/23**
- 페예노르트 | 에레디비지 5위, 유로파 컨퍼런스 리그 조 3위, 유로파 리그 32강 **2021/22**
- 페예노르트의 보조 코치로 합류했으나 이후 감독직에 전념하지 않았다는 이유로 알크마르에서 경질 **2020/12**
- AZ 알크마르 | 1위 아약스와 승점 동률로 2위 기록 중에 시즌 중단, 유로파 리그 32강 **2019/20**

EPILOGUE

축구는 '결과의 비즈니스'라고 할 정도로 우승을 기준으로 객관적인 성공 여부를 평가하는 것이 일반적이다. 그러나 과연 우승이 유일하고 절대적인 평가 기준이 될 수 있을까? 2003/04 시즌 아스널의 프리미어 리그 무패 우승 신화를 썼던 전설적인 공격수 티에리 앙리의 이야기를 들어 보면 그렇지 않다. 앙리는 챔피언스 리그 우승이라는 야망을 위해 아스널을 떠나 바르셀로나로 이적했고, 원하던 대로 클럽 축구의 모든 대회에서 정상에 오르며 성공적인 선수 경력을 완성할 수 있었다. 프랑스 국가대표로도 월드컵과 유로 우승까지 모두 거머쥔 앙리가 꼽은 경력 최고의 골은 무엇일까? 그것은 챔피언스 리그나 월드컵 같은 최고 대회에서의 중요한 득점이 아니라 선수 생활 말년에 아스널에 임대 신분으로 돌아와 리즈를 상대로 터트린 FA컵 득점이었다. 그 이유는 비로소 아스널의 팬이 되어 아스널을 위해 터트린 첫 골이었기 때문이라고 한다. 진심으로 팬과 동화되어 경기를 소화하고 승리를 거두는 것. 그것이 축구를 하는 입장에서도 최고의 성공인 것이다. 위르겐 클롭은 리버풀 부임 기자회견에서부터 당장의 우승을 이야기하는 대신 자신이 떠날 때 어떻게 기억될지가 더 중요하다고 말했던 감독이다. 리버풀의 축구가 팬들에게 어떤 의미를 가지는지를 이해하고, 그 의미를 리버풀의 구성원들이 공유해서 감독이든 선수든 팬이든 모두가 경기장 안에서 같은 느낌을 가질 수 있도록 했던 것이 바로 클럽의 지도력이었다. 클럽이 리버풀에서 보낸 9년은 팬들과 함께였기 때문에 기쁨이 배가 됐고, 이는 결국 성공이라고 할 수 있다. 축구는 팬들과 함께 팀의 서사를 만들고, 환희와 좌절의 순간들을 공유하는 것으로 성공을 쌓아간다. 그런 의미에서 축구는 결과의 비즈니스이자 과정의 비즈니스다. 리버풀이 지난 9년간 그래 왔듯, 팬들과의 유대감을 잃지 않고 계속해서 성공적인 행보를 이어 가길 응원한다.

Jurgen Klopp

1ST PUBLISHED DATE 2024. 6. 21

AUTHOR Sunsoo Editors, Lee Yonghun
PUBLISHER Hong Jungwoo
PUBLISHING Brainstore

EDITOR Kim Daniel, Hong Jumi, Lee Eunsu, Park Hyerim
DESIGNER Champloo, Lee Yeseul
MARKETER Bang Kyunghee
E-MAIL brainstore@chol.com
BLOG https://blog.naver.com/brain_store
FACEBOOK http://www.facebook.com/brainstorebooks
INSTAGRAM https://instagram.com/brainstore_publishing
PHOTO Getty Images

ISBN 979-11-6978-033-9 (03690)

Copyright © Brainstore, Lee Yonghun, 2024
All rights reserved.
Reproduction without permission is prohibited.

JURGEN KLOPP